Gabriella Caramore
Maurizio Ciampa

LA VITA NON È IL MALE

Cinque capitoli di riflessione
sulle tracce del bene

SALANI EDITORE

ISBN 978-88-6918-348-5

Per essere informato sulle novità
del Gruppo editoriale Mauri Spagnol
visita: www.illibraio.it

ADRIANO SALANI EDITORE
Da 150 anni più felici con un libro

Gruppo editoriale Mauri Spagnol
Milano

www.salani.it

Questa bontà sciocca è quanto di umano c'è nell'uomo, è ciò che lo contraddistingue, è l'altezza a cui lo spirito umano si eleva. La vita non è il male.

Vasilij Grossman, *Vita e destino*

A Valentina
e a Claudia,
al loro coraggio

1

Il bene al tempo del male

Dare nome al bene

Esiste, il 'bene'. Occorre soltanto dargli spazio, respiro, ascolto.

In questo libro ci chiederemo come esso nasce. Quali profili può assumere. E se davvero ha incidenza ed efficacia.

Ci chiederemo anche come vive in mezzo al 'male'. Come gli sta di fronte.

Dovremo fare un po' di strada, e non sarà sempre una strada lineare. Qualche volta procederemo a tastoni, inciampando in ostacoli non previsti, come può accadere a chi si muove al buio. E quando ci sembrerà di aver trovato una possibile risposta, essa forse si sgretolerà fra le nostre mani incapaci di trattenerla, come sabbia che scivola tra le dita. È quello che fa ogni essere umano: cercare, aprire varchi, azzardare risposte, accettare silenzi e sconfitte, non desistere, riprovare, riformulando incessantemente le proprie domande.

Ci capiterà d'incrociare le storie sfrangiate di questo tempo, le cronache che portano allo scoperto il nostro modo di stare al mondo; proveremo a restituire le pieghe di volti incontrati, a riportare le parole che ci accade di ascoltare, ma ricorreremo anche alla letteratura e al cinema. Tutti i frammenti di vita possono servire.

Guarderemo anche le mappe del presente appena tracciate, le analisi, le riflessioni fatte a ridosso degli avvenimenti, per provare a comprendere quello che via via succede attorno a noi, le scosse, le ferite lasciate nella carne e nella mente. E soprattutto i possibili rimedi, se ce ne sono, per superare il primo stordimento e orientarsi almeno un po' nell'ordito del tempo in cui ci troviamo a vivere.

Lungo la strada ci accadrà di tornare ai testi delle antiche sapienze, dove probabilmente, ma non è per nulla scontato, c'è una riserva di verità che ancora non si è consumata.

Ci muoveremo tra fatti, parole e immagini, dove si nascondono il 'bene' e il 'male' che ci attraversano e ci coinvolgono.

Nel corso di questo tragitto accidentato ci si potrà sentire quasi accerchiati dal 'male'. Una sensazione abbastanza diffusa, perché il 'male' ha più risonanza del 'bene', o così pare, ed è comunque più facile da raccontare. Dovremo allora concludere che il 'male' è più *reale* del 'bene', un più fedele specchio del mondo?

Questo libro non ha questo epilogo, si raccoglie attorno al pensiero che la vita non sia il male. Ma se 'la vita non è il male', non è detto che si possa arrivare più speditamente a dare nome al 'bene'.

'Bene' e 'male' sono parole forse appesantite da un uso fin troppo esteso. Ma c'è una conoscenza che precede le parole e le orienta: ognuno di noi sa che quando prova dolore e quando infligge sofferenza indubitabilmente quel dolore e quella sofferenza sono 'male'; allo stesso modo ciascuno di noi percepisce, magari indistintamente, che cosa sia il 'bene', avendone fatta esperienza e conservandone la memoria. Chi non vorrebbe restare avvolto in quella coltre di 'bene' che un tempo ha conosciuto? Chi non vorrebbe essere amato come il proprio cuore desidera? Come un bimbo che ancora si rannicchia nel calore accogliente del grembo materno, ciascuno vorrebbe sentirsi al centro del cuore segreto delle cose, dove tutto è nutrimento, ritmo, espansione senza fine, armonia e pace.

Poi, una volta superato il taglio che ci espelle dal grembo, il crudele distacco che ci scaglia nel mondo, vorremmo ritrovarci al centro di nuove attenzioni, nuove cure, nuovi tepori e nuove beatitudini.

Più avanti negli anni vorremmo che la nostra

crescita, il nostro sviluppo non trovassero limitazioni o confini, o almeno che ogni pianto venisse consolato, e che anche uno scacco potesse comunque essere trasformato in una rinnovata positività.

Allora, sarebbe questo il 'bene'? Una condizione di felicità prolungata all'infinito, simile alla tiepida ombra del ventre materno, suoni caldi, e nessun bisogno a incalzare la nostra vita? Nessuna pressione? Soltanto uno spazio ospitale, e noi accovacciati dentro di esso, come in un Eden a portata di mano, un''Età dell'oro' dalle apparenze familiari?

Non è così che si sviluppa la vita. Il bisogno la fa da padrone, dominano la lacerazione e il conflitto. Perché gli altri ci riconoscano occorre ingaggiare una lotta. E talvolta essa è mortale. Allora si cerca una piccola radura dove poter tirare il fiato, un punto di sosta, un intervallo. Lì proviamo a tessere le relazioni in grado di sostentare la nostra umanità.

'Spesso il male di vivere ho incontrato' dice uno dei versi più celebri di Eugenio Montale. Può essere una ferita nella carne, o la trafittura, la stilettata nel petto prodotta da una separazione, o le tante ordinarie disavventure, le improvvise imboscate, le insidie, i rovesci di un mondo che ci è spesso ostile o estraneo. O almeno così lo sentiamo.

Ha molte sembianze il 'male di vivere'. Fiorisce sotto ogni cielo, e prospera nei cuori: ad alimentarlo basta una crepa nell'ordine delle cose, un bisogno insoddisfatto che, come una piaga, ci trasciniamo nel tempo, nel lungo e aspro tragitto che va dall'infanzia alla vecchiaia.

Ci chiediamo allora: dove si rifugia il bene? Dove si nasconde? Dove sopravvive? In quale punto, in quale passaggio della nostra esperienza si manifesta? Appartiene al fluttuante gioco del destino? È frutto della casualità che sovrasta ogni vita? È un dono trovato sulla soglia della nostra casa? O, al contrario, va costruito passo dopo passo, giorno per giorno, coltivandolo dentro di noi come una misura interiore?

Un poeta del secolo scorso, Gottfried Benn, si è posto questa stessa domanda: da dove viene il bene? E lo ha fatto osservando con stupore la semplicità della gente comune, capace di occultare il proprio disagio, la propria indigenza e fatica, e non per apparire migliore agli occhi degli altri, ma soltanto per non essere di peso al mondo:

> Esseri umani ho incontrato che
> coi genitori e quattro fratelli, in una stanza,
> crebbero, di notte, con le dita nelle orecchie,
> studiavano al focolare,

si fecero strada, di fuori belle e *ladylike* come
contesse –
di dentro miti e operose come Nausicaa,
avevano la fronte pura degli angeli.

Mi sono spesso domandato e non ho trovato risposta,
da dove venga la dolcezza e il bene.
Nemmeno oggi lo so e ora devo andare.

Da dove viene la dolcezza? Da dove viene il bene? È una domanda fatta a mezza voce, quasi imbarazzata. E non trova risposta.

Il bene appare come un enigma. Forse più del male stesso, che pure percorre strade di difficile decifrazione. Il bene è più sommesso, più taciuto, sotterraneo. Una venatura segreta, una polla che zampilla dal terreno. Per questo facciamo fatica a identificarlo. E per questo è legittimo chiedersi: *Unde Bonum?* Da dove viene il bene? Capovolgendo la domanda che si sono posti per secoli filosofi, pensatori, teologi che hanno indagato l'origine del male. *Unde Malum?*, si sono chiesti. Da dove viene il male?

Il male è più evidente, clamoroso, scoperto. Da sempre gli esseri umani si sono sentiti interpellati dalla sua presenza, e le domande, i dubbi si sono via via moltiplicati. Ci si è chiesto perché esso copiosamente dilaghi sulla terra, come sia possibile che venga 'permesso' e perché non sia riservato all'uomo un mondo di pace, in cui poter aver cura degli altri, nutrire chi ha fame, far crescere le vite più piccole, o accompagnare dolcemente chi va verso la fine della sua esistenza. In definitiva, perché non vi sia un mondo senza il male dove poter abitare sensatamente e in quiete.

Perché un mondo così fatto non è possibile? Perché ci appare così drasticamente distante e irraggiungibile come lo è una chimera?

Per quanto sia più celato, più irregolare, più taciturno del male, il bene ha comunque il suo posto nella nostra vita. Ma non è uno stato, una stabile acquisizione, è piuttosto un movimento – avremo modo di vederlo –, un soffio che proviene dall'altro che ci sta di fronte e che sposta la nostra attenzione e il nostro desiderio. Il bene si propaga, quasi per contagio, e può arrivare a mutare, forse soltanto provvisoriamente, il volto della terra.

Il male è sulla terra

Quella sul male è una domanda che viene da lontano, diversamente espressa lungo tutto il corso della storia umana. Perché tanta sofferenza? Perché l'orrore non cessa di abitare il mondo? Perché la ferocia degli uomini ci appare inesauribile?

Perché mentre si conclude una guerra, un'altra comincia? Perché un bambino muore prima ancora di essere nato? Quale insidia fatale porta un essere umano a incontrare una morte che si poteva evitare, se solo le circostanze si fossero disposte in modo differente, soltanto per un millimetro, soltanto per un secondo?

Le domande che, in questi anni, ci poniamo, di fronte all'incremento di efferatezza che siamo costretti a constatare, sono soltanto il punto terminale di una vastissima interrogazione sviluppata nel tempo lungo un percorso di millenni. Ha una sua origine remota, parte probabilmente dallo sgomento di *Homo sapiens* di fronte al dolore provocato da una ferita o dallo scacco di un'impresa non riuscita, dallo spavento di fronte al pericolo o dalla irrevocabilità di una vita che si spegne. Tutte le grandi tradizioni nascono dal tentativo di dare un significato alla vulnerabilità della vita che, prima o poi, va incontro inevitabilmente al suo limite.

In una delle più antiche epopee che si conoscano, Gilgamesh scopre la sua stessa finitezza attraverso la morte dell'amico Enkidu. E scopre, nel terrore della morte, la paura di essere uomo. Una paura che l'umanità si porta appresso, come un fardello pesante, aggrappato al nostro corpo, zavorra dello spirito, ostacolo lungo il cammino: la paura di essere troppo deboli per far fronte all'esistenza, troppo vicini a cadere per reggere la fatica di andare, troppo insicuri per non sbagliare la via, troppo prossimi alla non esistenza della morte per costruire qualcosa di duraturo. È da questa paura che viene l'infelicità? È da questa paura che scaturiscono, anche, l'esercizio della forza e della violenza?

Per secoli, filosofi e teologi sono rimasti inchiodati all'asse di queste domande: perché il male? Da dove viene? Da un cielo instabile, da un Dio notturno, enigmatico, malvagio? Oppure sale da una falda profonda e ignorata dell'essere umano, una macchia nera nella nostra capacità razionale? È dunque il male cosa terrena, vicenda umana, è storia? O fa parte del muto cammino delle stelle?

Vi è un male che sta prima di ogni male 'morale', già dentro la natura, conficcato nella crosta della terra, al di qua delle scelte degli individui, del loro operare, del loro agire. Un male incontenibile, che inghiotte continenti, fa ghiacciare il mondo o lo scioglie di calore bruciante, sovverte il limitare delle coste, devia i fiumi, sprofonda le montagne o scaglia i mari a divorare la terra. E divora vite umane, in una casualità che sgomenta. Le crisi economiche, i sussulti politici, le aggressioni fra stati e nazioni, le manifestazioni di violenza, i fatti di sangue sembrano talvolta solo la punta dell'iceberg di un mondo prossimo al collasso.

Il modello globale di sviluppo prevalso sul pianeta ha creato degrado ambientale, nuova povertà, risentimenti sociali e spirito di vendetta in popolazioni troppo a lungo sottomesse. Una febbre distruttiva sembra percorrere il mondo, la nostra 'casa comune'. A partire dal suolo del pianeta. I mari inghiottono la propria fauna; le campagne depredate dei boschi prosciugano l'ossigeno della terra; il surriscaldamento provoca lo scioglimento dei ghiacci perenni. Tutto questo va addebitato agli sconsiderati comportamenti umani? Certamente, ma non soltanto. Tutte le culture, dall'inizio dei tempi, hanno raccontato il terrore e la devastazione prodotti da imprevedibili destini stellari, gli smottamenti che periodicamente hanno ridisegnato i profili geologici portando via fette di continenti, e con essi civiltà, Paesi, città, storie, affetti, memorie.

> Tremano le fondamenta della terra.
> La terra si schianta tutta. La terra si disfa tutta.
> La terra trema tutta. La terra vacilla come un ubriaco.
> La terra dondola come una tenda.
> (*Isaia* 24,18-20)

> Do uno sguardo alla terra, ed ecco tutto è caos.
> (*Geremia* 4,23)

Lampi di immagini potentissime transitano attraverso le voci dei profeti, cariche di tragedia, destinate a scuotere chi le ascoltava. Davanti ai nostri occhi sfilano la fragilità del mondo, le sue oscillazioni, i suoi incerti sommovimenti, la sua tellurica inquietudine.

Il gemito della creazione

Nella *Lettera ai Romani*, anche l'apostolo Paolo evoca con espressioni potenti il lamento della terra 'sottoposta alla caducità': 'Sappiamo infatti che tutta insieme la creazione geme e soffre le doglie del parto fino ad oggi' (*Romani* 8,22), e lo Spirito stesso intercede 'con gemiti inesprimibili' (8,26) nell'attesa che il creato tutto sia liberato dalla schiavitù della corruzione.

Qui il linguaggio è teologico, e allude a un'attesa di redenzione. Ma è importante notare come il dolore dell'uomo faccia tutt'uno con il dolore della terra. Non solo l'uomo soffre, patisce, pena, soverchiato dall'iniquità; ma a soffrire è l'intero ordine del vivente in tutte le sue parti. Un solo sussulto scuote la 'creazione'. Ed è appunto un gemito.

Nello *Zibaldone* di Giacomo Leopardi troviamo una originalissima lettura di questo 'gemito'.

L'infelicità non è un'esclusiva umana, dice Leopardi, muovendosi, consapevolmente o no, sulle tracce dell'apostolo Paolo. Soffrono 'le specie, i generi, i regni, i globi, i sistemi, i mondi'.

La controprova offerta dal poeta è un semplice giardino. I giardini chiusi, che occupavano i chiostri dei monasteri medioevali, erano vissuti come il simbolo dell'armonia del mondo, scrigni di paradisiaca perfezione, miniature dell'Eden biblico. Non per Leopardi. Come una sfida, invita il suo lettore a entrare nel più ridente dei giardini, magari nel fulgore della bella stagione. Dietro i profumi delle erbe, i colori dei fiori, si cela 'un vasto ospedale', dove tutte le manifestazioni dell'universo vegetale scontano la loro pena. In ogni angolo si annida sofferenza. Ed è senza rimedio.

> Tutta quella famiglia di vegetali è in stato di *souffrance*, qual individuo più qual meno. Là quella rosa è offesa dal sole, che gli ha dato la vita; si corruga, langue, appassisce. Là quel giglio è succhiato crudelmente da un'ape, nelle sue parti più sensibili, più vitali. Il dolce miele non si fabbrica dalle industriose, pazienti, buone, virtuose api senza indicibili tormenti di quelle fibre delicatissime, senza strage spietata di teneri fiorellini.

Quello che agli occhi di tutti noi può apparire come un tripudio di bellezza, allo sguardo disilluso di Leopardi si rivela una realtà più travagliata. Un semplice giardino, come tanti ne conosciamo, cela, al suo interno, una 'strage spietata'. Impetuose correnti di dolore percorrono il suo spazio apparentemente ridente. Agli occhi di Leopardi è un luogo sinistro, dove regna una violenza senza riscatto.

Va detto che il 'gemito della creazione' raccolto da Leopardi non è lo stesso dell'apostolo Paolo. La distanza è radicale. In Leopardi la sofferenza è votata al nulla. In Paolo si tratta della sofferenza impaziente dell'attesa, qualcosa di analogo al doloroso travaglio di un parto. Al fondo di questo duro tempo d'attesa, per l'ebreo Paolo, c'è la *salvezza*. Gemito e sofferenza sono dunque solo tappe, stazioni, lungo una strada che procede verso uno stato diverso. Nel respiro strozzato di quel gemito, si può sentire il vagito di una speranza.

Nessuna speranza, ma, di nuovo, uno sguardo che lacera ogni illusione dopo il terremoto di Lisbona del 1° novembre 1755. Nel giro di pochi, eterni minuti Lisbona ondeggiò come grano al vento prima di crollare. Si schiantò l'intera città, e un brivido di morte attraversò l'Europa, dalla penisola iberica fino alla Norvegia.

In pieno Illuminismo tornarono a emergere le più antiche paure degli uomini. Insieme ai palazzi di Lisbona furono polverizzate le certezze accumulate. Per anni, dopo il 1755, il fantasma del terremoto di Lisbona agitò il sonno dei più importanti pensatori europei. Voltaire prima di ogni altro, che scrisse un *Poema sul disastro di Lisbona*, ma anche Jean-Jacques Rousseau e Immanuel Kant. A partire da quella immane catastrofe la grande filosofia europea ripensò Dio, il Male, la Natura, l'Uomo. La Casualità e il Destino. Tutto andava drasticamente riesaminato, perché ogni umana verità era stata intaccata, quasi compromessa. Nulla il terremoto aveva lasciato al suo posto. Ora le strutture del pensiero apparivano come una casa devastata dal caos o un edificio in via di demolizione.

Nel suo poema Voltaire si scaglia contro l'ottimismo di Leibniz che, agli inizi del Settecento, aveva elaborato una 'dottrina della giustizia di Dio'. Come si può sostenere che 'tutto è bene' di fronte alle 'ceneri fumanti' della città, con 'donne e infanti ammucchiati uno sull'altro sotto pezzi di pietra, le loro membra sparse'? Il terremoto di Lisbona, l'incontenibile angoscia che esso ha sollevato, fanno saltare la tavola del pensiero, e la mandano in pezzi. Dopo questa frattura della terra e dell'anima risulterà difficile anche soltanto accumulare idee, metterle insieme. Il pensiero perde la sua baldanza, ed è costretto al silenzio. Il male lo ha colpito in profondità.

'Confessiamolo pure' dice Voltaire, 'il male è sulla terra'. E aggiunge: 'La ragione profonda resta sconosciuta'. E dunque poco si può sapere sulla sua presenza fra gli uomini. Si può indagare, si può cercare, questo sì. Ma niente più, se il pensiero non vuole essere ridicolizzato dagli eventi. Come, secondo Voltaire, è accaduto a Lisbona. E come accade ogni volta che una catastrofe si abbatte a strappare una vita, ogni volta che una malattia colpisce imprevista e imprevedibile una giovane creatura, stravolgendo l'ordinario andamento della sua esistenza, ogni volta che un attimo di distrazione di uno – per una casualità selvaggia – diventa tragedia per altri.

Un 'quasi niente'

La convinzione degli 'ottimisti' secondo cui 'tutto è bene' risulta oggi impronunciabile. Le tante notti dell'uomo, le catastrofi che punteggiano la sua storia hanno finito per oscurarla. Sulla scena dove il male si manifesta, l'uomo, ammutolito, non proferisce parola, circuito dalla sua potenza, semplicemente vinto. Gli risulta difficile indagare sulle ragioni di ciò che accade, analizzare le cause, ricapitolare gli eventi.

Su quella scena 'l'avventura millenaria del pensiero umano ha subito il suo fallimento totale: le sue luci si sono spente e non è rimasto neppure il lampeggiamento di un faro a segnalarne la traccia' dice il filosofo ebreo André Neher in *L'esilio della parola*.

Come nel *Libro di Giobbe*, la domanda sul male resta inevasa. E forse è poi per questo che si continua a leggere quell'antico libro: non perché ci si aspetti la soluzione del dramma che è stato narrato, ma appunto perché lo si narra, continuando ad alimentare le domande sul male che esso raccoglie, come si tiene viva una fiamma che non si può spegnere. Se quella debole fiammella un giorno si dovesse smorzare precipiteremmo tutti nel buio più tenebroso. E nessuna parola ci potrebbe aiutare ad attraversare quella notte nera.

È dunque legittimo pensare che una storia come quella di Giobbe – il giusto ingiustamente punito, che non sa trovare spiegazione al male di cui è fatto oggetto – non sia stata scritta per prendere di petto il problema del male offrendo una qualche spiegazione. Non c'è modo di farlo. Quella storia è stata scritta soltanto per addestrare l'uomo alla presenza del male. Quasi una esercitazione, un allenamento. Giobbe addestra al male, non ne scioglie l'enigma.

Il male c'è, e percorre strade che l'uomo non arriva a comprendere, questo ci dice l'antico libro. Le parole che esso contiene non servono per riscattare quello che gli innocenti subiscono. Possono servire però a soppesare le loro lacrime, e le nostre. A non lasciarle cadere.

Resta la domanda: perché l'uomo retto riceve male invece che bene? Perché il male ha passato il limite che gli era stato assegnato, e vaga libero e ingiustificato nel campo degli uomini? La bilancia della giustizia si è rotta. Che cosa si può rispondere alle domande di Giobbe e di ogni altro uomo messo alla prova? Nulla, non si può rispondere nulla. E tuttavia un filo di luce, fioca, radente, affaticata, può risplendere in ogni tenebra. Neher, avendo vissuto la tragedia dell'occupazione nazista della Francia, avendo subito le leggi razziali che gli impedirono di continuare a insegnare, si rivolse all'antica sapienza dei suoi padri. Lì ritrovò lo sgomento dell'essere umano di fronte al male, ma anche la flebile speranza di un futuro per l'umanità.

Alla figura di Giobbe, André Neher contrappone – idealmente – quella di Giacobbe.

È lunga e insonne la notte che precede lo scontro con il fratello Esaù, dal quale si attende vendetta, rancore, volontà di annientamento. Giacobbe si è fermato presso il guado dello Iabbok. Rimasto solo, un uomo – un angelo – lotta con lui 'fino allo spuntar dell'aurora' (*Genesi* 32,25). Non desiste Giacobbe. Lotta, anche se colpito all'articolazione del femore. Non vuole smettere di lottare e non prima di essere stato benedetto dal suo antagonista misterioso. Infine accoglie il segno più grande della trasformazione avvenuta: il suo nome nuovo, 'Israele'. Il giorno dopo, finalmente diventato nuovo, affronta il fratello rivale, con il quale stabilisce un patto, e può procedere nel suo cammino. Ecco: Giacobbe non è un eroe del bene. È piena di doppiezze e di 'furti' la sua vita. E tuttavia *qualcosa* riesce a salvare. Passando un guado dell'esistenza, accettando la lotta con l'ignoto, attendendo il raggio dell'alba, accogliendo – nel nome – un segno di novità, andando incontro al fratello nemico con timore e desiderio di pace.

È questo *qualcosa* che si può chiamare bene? Questa piccola cosa, questa libertà di assumersi un rischio? Un 'quasi niente', come direbbe il filosofo Vladimir Jankélévitch, ma che può cambiare il corso di una storia? Accettare di resistere, invece di arrendersi? Provare invece di rinunciare? Questo in fondo è il gesto di Giacobbe.

È difficile scovare quel 'quasi niente' e assegnargli il compito di invertire la rotta del mondo, nuotare nelle sue acque, che scorrono nel sottosuolo della storia. Difficile identificarlo. Il male fa notizia, occupa le prime pagine dei giornali, invade gli schermi televisivi, dilaga sui siti web come una marea montante. È un quotidiano teatro dell'orrore, che si sviluppa per intero davanti ai nostri occhi.

Il bene ha un suono più tenue. Ha il passo leggero, ci sfiora, e spesso non ce ne accorgiamo. Improvvisi squarci di luce nella più fitta oscurità.

Ma il bene non è solo bagliore repentino destinato a svanire. È anche un silenzio improvviso, un sussurro, prossimo a ciò che non può essere detto. Il bene è sommesso. Parla sottovoce. Ammantato di pudore, non riempie le cronache, non urla nelle piazze. Talvolta si affaccia appena in una apparizione che attraversa veloce il nostro campo visivo. Così veloce che si stenta a riconoscerlo. Qualcosa di esile: un 'quasi niente' appunto. Solo un momento di sollievo, come lo scambio occasionale e gratuito di un sorriso, un passaggio luminoso in cui uomini e donne si incontrano, si sfiorano, per poi tornare a separarsi. Non una manifestazione vistosa, nulla di evidente, ma un sussulto nascosto, una vibrazione sotto la superficie delle cose, un fremito, una traccia sottile. E non è detto che abbia un seguito.

Potrebbe essere questo il bene? Qualcosa di inatteso? Gratuito? Un'ombra senza direzione? Senza esito? Oppure ha una sua propria geometria? Netta, definita, mattone su mattone, pietra su pietra, come un edificio che prende forma, una struttura articolata dalle salde fondamenta in cui ogni essere umano può trovare il suo posto, la sua possibilità di esprimersi, la sua capacità di dare corso a una vita piena, spesa in armonia con gli altri?

È possibile 'costruire' il bene?

Dalla Torre di Babele in avanti, mirabili edifici, ma evanescenti e fragili come sogni, affollano la storia dell'uomo. Sogni di dominio, di conquista. Città, imperi, reami. I sogni raggiungono il loro culmine di delirante perfezione a partire soprattutto dal Rinascimento fino alla compiuta modernità: molti di quei sogni sono stati chiamati 'utopie', e spesso proprio il bene ne rappresenta il nucleo fondamentale, prima dell'inevitabile crollo sotto il carico della storia. Restano sul terreno le loro rovine pietrose, aride, polverose. Sono le torri di Babele dei progetti umani, la 'lugubre torre delle cose' scriveva Victor Hugo alla metà dell'Ottocento, nella *Leggenda dei secoli*: 'L'edificio del bene, del male, delle lacrime... l'epopea umana, aspra, immensa, crollata'.

Ci muoveremo ai lati di questa 'epopea', ai suoi margini, sotto la cenere del tempo, fra i rottami di un mondo che talvolta ci appare in frantumi.

Il mondo va a fuoco?

Nel momento in cui stiamo scrivendo queste pagine il nostro mondo, in ogni suo angolo, sembra flagellato da una furia cieca. Ci viene addosso un'onda travolgente di odio, una massa di violenza esercitata su vittime indifese, con brutale e sbrigativa fermezza, talvolta con spavalderia, accompagnata da una menzogna dilagante. Interi Paesi, ancora devastati da fame e malattie, sono sprofondati nella ferocia delle guerre, accecati dagli interessi dei potenti. Mentre sembra davvero inarrestabile il fiume dei profughi e dei fuggiaschi in cerca di speranza e di salvezza, di pane e di domani, disposti a essere derubati, violentati, umiliati, uccisi, respinti innumerevoli volte negli inferni da cui provengono.

L'Europa – l'Occidente –, sottoposta a un attacco che non ricordava da secoli, per lo sbigottimento pare sul punto di trasformarsi in una statua di sale. Ma c'è anche un effetto opposto: per difendere la sua storia l'Occidente sembra disposto a stravolgerla, con una furia di vendetta, una sete spietata di ritorsione che ostacola ogni possibile soluzione, annientando gli stessi 'valori' che invoca, sui quali ha costruito – o immaginato di costruire – la propria identità.

Fatichiamo a risalire alle cause di questo conflitto dai mille fronti. Il modello di sviluppo prevalso in Occidente e nel mondo ha prodotto squilibrio, si è nutrito di corruzione, ha incrementato povertà e diseguaglianza. La crisi economica ha messo tutto questo in drammatica evidenza. Ha fomentato in popolazioni troppo a lungo sottomesse un risentimento sociale che si è sviluppato in rancore, a lungo nascosto o represso.

Ora è venuto alla luce qualcosa di più denso e compatto: un odio irriducibile, sempre più manifesto. Ed è difficile tenere a bada un tale accumulo di antagonismo. Esso straborda senza trovare argini. Bisognerebbe risalire il fiume della storia, ma chi è in grado di farlo? Tutto ci appare irreparabile. Così il mondo va a fuoco, a partire dal suolo del nostro pianeta: il suolo, vale a dire quel fondo su cui ci poggiamo, la base della vita.

Il mondo va a fuoco? L'immagine può sembrare eccessiva. Tuttavia basta ripercorrere le cronache di questi anni per rendersi conto che una febbre di distruzione sembra percorrere il globo in ogni sua parte. Quella che dovrebbe essere la nostra 'casa comune', mostra ovunque radici spezzate. Simone Weil parlava, oltre settant'anni fa, sul finire della Seconda guerra mondiale, di una malattia di 'sradicamento': 'Per effetto della guerra la malattia dello sradicamento è divenuta talmente acuta in tutta Europa che è legittimo esserne atterriti'.

Che cosa avrebbe potuto dire oggi? Lo 'sradicamento' è diventato una patologia diffusa – un'epidemia? – che ha corroso popoli e individui.

Peter Sloterdijk, uno dei più importanti filosofi europei di questi anni, usa un'altra espressione, che però non sembra lontana dallo 'sradicamento' denunciato da Simone Weil. Quella che viene chiamata 'globalizzazione' non è affatto una novità degli ultimi anni. Ciò che è nuovo è l'assoluto spaesamento in cui versano gli uomini e le donne di questo tempo, che 'non possono più sentirsi a casa negli spazi interiori del mondo che sono stati loro tramandati'. Siamo esseri 'soppiantati' dice Sloterdijk. Non c'è nulla che possa fare da riparo, siamo costretti a vivere allo scoperto. Oggi 'gli uomini sono esseri viventi costretti a condurre la propria esistenza sul margine esterno di un corpo rotondeggiante e accidentato perso nell'universo; un corpo che in sé non è né grembo materno né contenitore e non può offrire nessun tipo di riparo'.

Così stiamo sulla terra, senza protezione, esposti a un costante pericolo. Dove c'è pace, è pur sempre una pace che galleggia precariamente sulle acque della guerra. Incerta, sempre minacciata. La pace in cui viviamo oggi è solo un interstizio. Lo strappo improvviso di un atto di terrorismo la può mandare in frantumi. Non è neppure necessaria una guerra dichiarata, non serve un esercito che si disponga sul campo. Basta un'incursione individuale, una scorribanda di veemenza distruttiva in un qualsiasi punto del globo. E non sono necessarie neppure giustificazioni ideologiche o religiose.

Rispetto a oggi, l'attentato alle Torri gemelle dell'11 settembre 2001 appartiene a un'altra epoca. A New York ha agito un gruppo strutturato, la cellula di un'organizzazione più ampia. C'era poi un obiettivo simbolicamente significativo: il cuore della città e dell'intero Occidente, le sue 'torri di Babele'. E c'era un altro elemento di rilievo: l'azione terroristica era intesa come un atto spirituale ritualmente scandito. È stato documentato che l'ultima notte prima dell'attentato, seguendo le regole scritte di una loro 'guida spirituale', i terroristi, in veglia, hanno pregato il loro Dio, si sono purificati, hanno ricordato 'all'anima l'ascolto e l'obbedienza', infine hanno invocato la vittoria. E la vittoria era anzitutto una vittoria su se stessi e sulle inerzie del loro spirito. Ci risulta difficile capirlo, ma quello schianto di violenza scaraventato contro la città più rappresentativa dell'Occidente, quella ventata di morte, quelle morti assurde e incomprensibili erano per gli attentatori un atto di vita radicato nel loro sentimento religioso, per quanto deforme ci possa apparire.

Oggi il terrorista non mira più ai simboli, spara all'impazzata, nel mucchio. Lo si è visto a Parigi, nella notte drammatica del 13 novembre 2015, poi a Bruxelles, il 22 marzo 2016, e a Tunisi, e a Dacca, e a Nizza, e lo vedremo ancora e ancora, in altre date che segneranno una lugubre sequenza di stragi, dentro il subbuglio che si agita nel cuore dell'Europa e nel mondo intero.

A che cosa mirano le ultime leve del terrorismo? Non alle rappresentazioni del potere, come può essere accaduto in altre stagioni. I nemici oggi sono *tutti*, l'insieme storico-sociale delle società occidentali in ogni sua parte, il suo corpo vivo in uno qualsiasi dei suoi arti: la stazione di una metropolitana, le sale d'imbarco di un aeroporto, un supermercato, un treno, un teatro, uno stadio, un ristorante, una spiaggia, una festa popolare... Dove la gente vive, dove si dovrebbe sentire normalmente al sicuro. Questo è l'obiettivo del *nuovo* terrorista:

la vita, nel suo ritmo più consueto e consolidato. La vita di tutti. La vita di ogni giorno.

Ma vi è anche un altro terrore, non meno distruttivo e micidiale: quello dei potentati finanziari, economici, politici mossi da una impazzita brama di potenza. Messo in atto in maniera più nascosta, subdola, ammantata di una patina fittizia di legalità e di efficienza, esso non è da meno nel rendere più insicuro il suolo su cui tutti poggiamo.

Guerre si succedono a guerre, senza neppure una strategia, senza neppure una circostanziata individuazione del nemico. Si spendono enormi cumuli di denaro per respingere i dannati della terra, senza nemmeno essere sfiorati dall'idea che con quel denaro si potrebbero costruire case, sicurezza, avvenire per nuovi nuclei di popolazioni.

'Il dato principale dell'età moderna' scrive ancora Sloterdijk, 'non è quello che la terra gira intorno al sole, ma che il denaro gira intorno alla terra'. E il denaro corrompe, fagocita, distrugge. Che fare, allora? Arrendersi impotenti? O azzardare una strada?

Non ci arrendiamo

«Abbiamo il cuore a pezzi, ma non ci arrendiamo. [...] Non permetteremo alla paura di piegarci, e non permetteremo alla paura della paura di farci tacere. [...] Il male può uccidere gli individui, ma non potrà mai uccidere un popolo intero».

A parlare è Jens Stoltenberg. Nel 2011 è il capo del governo norvegese; sarà poi nominato segretario generale della NATO. Senza dubbio un politico rodato. Ma quando, il 27 luglio del 2011, si trova a ricordare i settantasette morti di tre giorni prima (otto nell'attentato di Oslo, sessantanove nella strage sull'isola di Utøya), tutti ragazzi e ragazze attorno ai vent'anni, la sua emozione è forte. Ha attorno a sé, storditi dal dolore, i genitori, i familiari e gli amici dei giovani uccisi, un'intera nazione che aspetta le sue parole per superare quella tragica frattura. Stoltenberg sente di dover raggiungere i cuori, e per farlo si mette fuori dal ruolo istituzionale che pure gli competerebbe («Miei cari...» è l'attacco del suo discorso), e al tempo stesso lo reinterpreta, ampliando le responsabilità che sente proprie.

Il clima è teso. La Norvegia non solo piange i suoi morti, ma è smarrita, ha paura. Dopo l'occupazione nazista questa è la più dura delle sue prove. Che cosa è accaduto? Tre giorni prima che Jens Stoltenberg tenesse il suo difficile discorso, un uomo di poco più di trent'anni, Anders Breivik, fa esplodere nel centro politico amministrativo di Oslo un'autobomba da lui costruita nei mesi che precedono l'attentato. Otto i morti, oltre duecento i feriti.

Ma Breivik non si ferma. Vuole più morti. In una delle prime udienze del processo, a nove mesi dalla strage, farà questa dichiarazione: «Chiedo scusa per non aver ucciso più persone».

Quando si allontana dal luogo dell'esplosione, il centro della città appare come un campo di battaglia. Ma in guerra c'è soltanto lui, il crociato Anders Breivik, presunto difensore della civiltà cristiana. Ora si dispone a raggiungere l'isola di Utøya, un paradiso naturale a quaranta chilometri dalla capitale. Quando vi arriva ci sono seicento giovani del partito laburista norvegese, in un'età compresa fra i quattordici e i vent'anni. Il piano di Breivik, scrupolosamente progettato nei mesi di solitaria preparazione, è uccidere tutti i seicento ragazzi. Tutti! Con il suo fucile da caccia grossa. «Il sogno di tutta una vita» dichiarerà al processo.

Che cosa siamo in grado di capire quando il male ci cade addosso sfaldando la cadenza quotidiana delle nostre vite? Stentiamo, balbettiamo, barcolliamo 'come ubriachi'. Che cosa possiamo capire della tragica insensatezza di Utøya? Come si risale quel baratro?

Il discorso di Jens Stoltenberg va seguito con attenzione, perché le sue parole disegnano la linea di un movimento. Passa dal tempo presente, con cui ha iniziato, al futuro. Dice 'futuro'. Osa farlo. E davanti a una platea che, squassata dal dolore, neppure immagina che ci possa ancora essere futuro. Troppo è il peso di quello che è accaduto. Un dolore come quello è incastrato nell'oggi, non può vedere futuro.

Stoltenberg sembra un profeta che vuole guidare il suo popolo fuori dalla terra del dolore. Indica la strada e la segue per primo. Invita ad alzare lo sguardo, quando gli occhi sono ancora appesantiti dal pianto. Chiede che tutti tornino a guardare avanti per quanto possa essere difficile: «Oltre tutto questo dolore possiamo intravvedere qualcosa d'importante».

Stoltenberg capisce che continuare a fissare lo sguardo sul precipizio di Utøya non fa che provocare vertigini e stordimento. Vede che il Paese è smarrito, come se si fosse perduto nei meandri della mente di Anders Breivik, fra i veleni del suo odio annientatore. Pensa ai giovani e ai loro sogni troncati. Ai giovani massacrati sull'isola, che nessuno può riportare in vita, abbattuti senza pietà, e pensa agli altri, quelli che sono rimasti in vita. L'ombra del lutto li ha sequestrati.

Nel discorso di Oslo, a tre giorni dalla strage, Stoltenberg formula una nuova responsabilità, quella della *normalità*. Ha voluto infrangere il silenzio attonito della prima reazione, con fatica ha cercato le parole per poterlo fare. Ora, alza una barriera, un argine fra ciò che è accaduto e il tempo futuro, la *normalità* che va ristabilita. E la *normalità* non è la piatta risacca in cui talvolta si consumano i nostri giorni. «Essere umani e fraterni», questa è la *normalità* per Stoltenberg. «Dobbiamo prenderci cura l'uno dell'altro». Così si esce dall'inferno di Utøya. Muovendosi tra il lutto e il dolore, oltre il lutto e il dolore.

Il discorso di Stoltenberg non è che un gesto. Ma importante, perché ribatte ai colpi del male. Al male non lascia l'ultima parola, per un istante ne spezza la catena. Questo lampo, scombinando la mappa dei sentimenti, getta un fascio di luce sulla strada che va percorsa. Qui forse potremo incontrare quella che chiamiamo 'speranza'.

C'è un'annotazione nel *Diario* di Anna Frank che lascia sconcertati per la fermezza con cui la tredicenne Anna si esprime e per la forza con cui porta i suoi pensieri: 'È un gran miracolo che io non abbia rinunciato a tutte le mie speranze. [...] Le conservo ancora, nonostante tutto, perché continuo a credere nell'intima bontà dell'uomo'.

‘Il mio cuore ha parlato’. Come s’inceppa la macchina del male

Il male torna sempre ad armarsi, reinventa le sue forme. Ha una sua perversa e poliedrica creatività. Tesse indefessamente la sua trama, ed è fitta e larga quanto lo è il mondo.

Perché la ferocia degli uomini appare inesauribile? È poi questa la domanda, per quanto possa apparire ingenua. È questa la domanda, da sempre, quando il dramma del male si rinnova. Ogni volta se ne resta colpiti come fosse la prima volta, disorientati. Ogni volta bastonati, ogni volta trafitti. Eppure ha un volto conosciuto. Lo abbiamo già visto, lo spettacolo del male. Tristemente ripetitivo. Giornali, televisioni, la multiforme comunicazione del web ne vanno ghiotti. Negli ultimi anni non ci hanno risparmiato nulla. Noi stessi forse ne siamo ghiotti.

La distanza dai teatri di guerra, tacitamente, ci rassicura. Almeno fino a ieri, perché oggi tutto si è fatto più vicino. La guerra è entrata nel cuore dell’Europa con le sembianze di un’utopia funesta.

Il 7 gennaio 2015 la ferocia si abbatte sul quartiere Saint-Ambroise, XI arrondissement, quello del carcere della Bastiglia, da cui, nel luglio del 1789, è partita la Rivoluzione francese. Nessuna rivoluzione quel 7 gennaio 2015, soltanto una familiare spietatezza, quella di sempre. Che si assenta di tanto in tanto solo per qualche istante.

Il quartiere è relativamente tranquillo, per quanto possa essere tranquillo il quartiere di una grande città come Parigi, che fatica a governare i suoi problemi.

Nella sua parte più interna c'è la rue Nicolas-Appert, una via corta e stretta, dall'aspetto abbastanza anonimo. Al numero 10, la sede del settimanale satirico *Charlie Hebdo*. Un classico nel suo genere. Esce da almeno quarant'anni sbeffeggiando vizi, costumi, protagonisti della politica e non soltanto, prende di mira anche la rigidità delle tradizioni religiose, almeno quelle che hanno una forte presenza nelle società occidentali. Risate taglienti quelle provocate dalla satira, non sempre felice per la verità, di *Charlie Hebdo*. E, da un certo punto in poi, pericolose.

Nel 2006 le vignette che ironizzano sulla figura del profeta Muhammad. Una vasta parte del mondo islamico, non solo quello francese, insorge, esprimendo sdegno e rabbia. Molto si parlerà di quelle vignette, con opinioni e giudizi spesso drasticamente divergenti. C'è chi le difende come espressione di libertà, e chi pensa l'esatto contrario: le vignette sono eccessive, volgari e offendono la sensibilità di molti. Si accende una contesa che prende toni sempre più duri.

Charlie Hebdo e i suoi vignettisti vivono al centro di questa tempesta. Il 7 gennaio 2015 due fratelli, Saïd e Chérif Kouachi, fanno irruzione al numero 10 della rue Nicolas-Appert. La loro azione è fulminea: entrano nella sede del giornale alle 11,25, un quarto d'ora dopo ne sono fuori. Di certo non hanno avuto il tempo per guardare negli occhi le loro vittime. L'odio è sommario, non discerne i volti, né le persone. E se anche avessero fissato le loro vittime, nei loro volti terrorizzati avrebbero visto solo dei nemici uguali a tanti altri. Tutti nemici, gli ipotetici autori delle vignette incriminate e i loro sodali, nemici solo perché sono lì in quel preciso momento.

I due fratelli si lasciano alle spalle dodici corpi senza vita, abbandonati sul pavimento in larghe pozze di sangue. Usciti da rue Nicolas-Appert, i due terroristi fanno un'altra vittima, su un marciapiede di boulevard Richard-Lenoir. Infieriscono sul corpo inerme di Ahmed Merabet, il poliziotto di quartiere accorso con la sua bicicletta non appena la centrale ha dato l'allarme. Il nome, Ahmed, rivela le sue origini tunisine. Ma di nazionalità è francese, ed è musulmano. «Praticante» dirà con orgoglio il fratello alla conferenza stampa che fa seguito all'assassinio, «un musulmano ucciso da falsi musulmani».

Lungo la via di fuga verso le porte della città, i due 'falsi musulmani' abbattono rabbiosamente tutti gli ostacoli che vengono loro incontro. Ahmed è un ostacolo. I terroristi lo colpiscono una prima volta. «Vuoi ucciderci?» dice, beffardo, uno dei fratelli avvicinandosi al poliziotto. Ahmed alza le mani in segno di resa. «Va bene così, capo!» dice per placarli, ed è un invito sommesso alla ragionevolezza. Il colpo alla testa riservato al poliziotto steso a terra è per i due terroristi un passaggio obbligato.

La pietà va alla deriva in una strada di Parigi, sul marciapiede di un boulevard. Ma non per sempre. Nelle ore successive, un altro musulmano la risolleverà da terra.

Un terzo terrorista, Amedy Coulibaly, fa irruzione nel supermercato kosher che serve la piccola comunità ebraica del quartiere attorno alla Porte de Vincennes. Si lascia alle spalle l'assassinio di una poliziotta. In prossimità della cassa del supermarket, fredda altre tre persone. Una quarta la ucciderà poco dopo. È il suo modo di presentarsi alla ventina di ostaggi che tiene sotto tiro. Ha fatto sapere che non esiterà a ucciderli se i fratelli Kouachi verranno attaccati.

Poi un gesto. Improvviso. In direzione contraria. Un gesto gratuito, una sottile lama di luce che taglia le tenebre. Vita finalmente, dopo tutte le morti accumulate nell'arco breve di quei tre giorni. Appena un rivolo di vita. Ma basta. Non per cancellare quello che è accaduto, ma per dargli una diversa piega.

Siamo nel sottosuolo del supermercato, la parte riservata al magazzino per le merci e alle celle frigorifere. Lì, subito dopo l'irruzione, si sono rifugiati una quindicina di clienti del supermercato. Fra loro c'è un bambino di tre anni. Si teme che, da un momento all'altro, il terrorista scenda dal piano superiore e li uccida solo perché si sono nascosti. Ha già ucciso per molto meno, ha ucciso per nulla.

Lassana Bathily è un giovane del Mali, da nove anni in Francia. All'Hypercacher, lavora come inserviente. È musulmano come lo sono i tre terroristi. Ma la pensa molto diversamente da loro. Lo dirà senza mezzi termini nelle prime interviste che gli sono state strappate, perché Lassana dà l'impressione che se ne starebbe volentieri zitto. Ma un pensiero ce l'ha: «Non è una questione di ebrei, di cristiani o di musulmani. Siamo tutti nella stessa barca. Ci dobbiamo aiutare per uscire da questa crisi».

Lassana avrebbe potuto voltarsi dall'altra parte, non vedere. In fondo nessuno gli chiedeva nulla. Avrebbe potuto rannicchiarsi nella sua paura e aspettare la naturale evoluzione dei fatti. Non lo fa. Nella concitazione di quei momenti Lassana brucia ogni perplessità, vince la paura.

Al piano superiore del supermercato Coulibaly, i nervi a fior di pelle, eccitato dalla tensione che respira nell'aria, sbraita. Dà l'idea di non essere troppo padrone di se stesso. Gli ostaggi si sentono in balia di uno 'psicopatico'. Appena sotto c'è un gruppo di persone allo sbando, non sanno cosa fare, e non sanno dove andare. Qualcuno comincia a pensare che sarebbe meglio tornare con gli altri, consegnandosi a Coulibaly, sempre più vicino al tracollo nervoso.

Occorre una soluzione. Lassana non ci pensa più di tanto: spegne l'impianto della cella frigorifera, spinge dentro gli ostaggi. Raccomanda di stare calmi e di non fare rumore. Così li salva.

«Il mio cuore ha parlato» dirà qualche giorno più tardi, quando gli verrà conferita, con solennità, la nazionalità francese, nove anni dopo il suo ingresso clandestino. È convinto di non aver fatto nulla di particolare, soltanto quello che il cuore, sul crinale del pericolo, gli ha imposto: «La gente mi prende per un eroe. Ma non sono un eroe, io sono Lassana, e resterò me stesso. Il mio cuore ha parlato e mi ha fatto agire».

Vediamo di dare il giusto peso a questa dichiarazione, che probabilmente si esaurisce nella foga del momento. Forse viene pronunciata con qualche tratto d'inconsapevolezza, ma resta assolutamente significativa.

Che cosa vuol dire: 'Il mio cuore ha parlato e mi ha fatto agire'? Quali effetti produce? Nel giro di una frase, Lassana opera un rovesciamento: il cuore diventa la misura dell'umano stare al mondo. Esso ci permette di sentire la vita che ci attraversa e ci conduce, e qualche volta ci colpisce confondendoci. Diversamente da ogni altro sapere, il sapere che proviene dal cuore si sviluppa attraverso movimenti inusitati, imprevedibili, tracce non visibili, un vivo, ribollente palpitare di emozioni. La 'logica' del cuore non ha i tratti della conoscenza stabile e ferma nel tempo. Piuttosto s'irradia con una luce improvvisa e saettante.

Se non ci fosse stato il gesto di Lassana, se il suo cuore non avesse parlato, ora non avremmo altro che un cumulo di cadaveri. Morte e basta. Quei giorni sarebbero stati l'incontrovertibile trionfo della ferocia. Lassana ha inceppato la macchina del male. Non ha salvato soltanto alcune vite umane. Ha salvato la vita, ha salvato il suo principio. Ha preso la vita dal pozzo in cui era precipitata e l'ha riportata in superficie, alla luce del sole, dove tutti possiamo tornare a guardarla. Con un gesto azzardato, temerario e, insieme, semplice. Uno scatto che ha bruciato il pensiero.

Ma quanta zavorra dell'anima ha dovuto scaraventare via! Quanta ruggine del cuore! Quanta cautela, quanta prudenza! Lassana ha buttato a mare in un sol colpo la disciplina dell'accortezza che normalmente precetta i nostri comportamenti, ha stracciato il codice della prudenza, ha scelto di non lasciarsi frenare dal riserbo, dalla moderazione che rallenta le nostre decisioni e in qualche modo ci spegne. Lassana si è messo alle spalle ogni ragionevolezza. Senza neppure pensarci. Nel tempo incandescente di un istante. Come se, da sempre, sapesse che cosa doveva fare.

Brecce nel mondo murato

Raccogliamo queste storie, e altre ne racconteremo, perché sono la vita in movimento, la vita che esce dai limiti in cui è costretta, e si scuote. La vita soffocata, angustiata, tormentata, che vuole respirare.

Il piccolo bene silenzioso che stiamo cercando di raccontare è fiato, è respiro. È alito di vita. Se non ci fosse quel sussurro, quel bagliore, saremmo preda delle tenebre, murati nel silenzio, indifferenti al dolore.

In un tempo in cui le morali traballano, come d'altra parte ogni altra cosa, le storie diventano, dice Hannah Arendt, 'i principali cartelli stradali in campo morale'. Punti di luce in uno spazio buio. Hannah Arendt, che ci ha offerto uno sguardo nuovo sul male del Novecento, fissa questa immagine: quella del 'pescatore di perle', colui che si tuffa nelle acque del passato, della tradizione, ma anche del presente potremmo aggiungere, per riportarne alla luce 'perle e coralli' di pensiero e di vita, storie dentro la storia. I suoi occhi luminosi e profondi non si sono abbassati neppure quando la storia ha fatto posto all'azione degli eserciti e alle burocrazie dello sterminio, quando ha dato vita al totalitarismo e ha rigenerato il terrore. Fermi, attenti, penetranti, sono il vero organo della sua singolare intelligenza. Hanno acceso il suo volto, mostrando la sua passione per l'umano. È stata lei a dire che l'uomo è umano perché è 'posseduto dall'urgenza del vedere'. Anche questa urgenza, forse, è un bene: il tentativo di uscire dall'indifferenza. Anche noi dovremmo sentirci posseduti da questa urgenza. E fare esercizio di *memoria* per non scordare le 'perle' e i 'coralli' che il mare limaccioso dell'insensibilità e della noncuranza tende a soffocare nella dimenticanza.

È solo per negligenza del cuore che, a volte, ci lasciamo sopraffare più dalle immagini delle devastazioni e dell'odio che dai fugaci segnali della tenerezza e della compassione. Solo per un difetto di memoria che, per esempio, non ricordiamo più il nome di Raghad Hassoun, minuscolo evento nella tragedia dei sepolti in mare. Chi era Raghad Hassoun? La sua è una storia fra tante. Ma ci mostra come *qualcosa* si possa salvare. Se non la vita, la speranza e la pietà.

I giornali e i notiziari televisivi del 17 luglio 2015, e dei giorni a seguire, hanno dato spazio, come era giusto che fosse, alla morte di una ragazza siriana di dodici anni. Raghad Hassoun il suo nome. Nelle fotografie si vedono i suoi enormi occhiali, e il velo che incornicia un volto sorridente. Con i genitori e le sue cinque sorelle, Raghad sale, il cuore pieno di speranza, su uno di quei barconi che attraversando il Mediterraneo sempre più spesso si trasformano in un sepolcro di uomini e di sogni. La famiglia Hassoun parte da Alessandria d'Egitto per raggiungere la costa siciliana. Solo una tappa, per poi arrivare in Germania, dove hanno parenti. Cercano un nuovo inizio, pace e sicurezza. Non l'avranno.

Il viaggio di Raghad finisce subito, quando gli

‘scafisti’ buttano a mare, senza una ragione, lo zainetto dove la ragazza tiene l’insulina con cui combatte il suo diabete. Non ce la farà Raghad. Non vedrà la luce del mattino. Finirà i suoi giorni boccheggiando in un angolo del barcone. Toccherà poi al padre buttare a mare il corpo della figlia dopo averlo zavorrato. Non può fare diversamente. Prima d’inabissarlo, si raccoglie in preghiera.

Ci può essere amore anche nei gesti che non lo prevedono, come se l’amore fosse capace di infilarsi dentro l’orrore. Ci può essere bene, un’esigua porzione di bene, una goccia, una briciola, anche in uno spazio saturo di sopraffazione, come su quel barcone nel mezzo del canale di Sicilia.

Il bene nel tempo del male può assumere anche la sembianza di un gesto disperato e pietoso.

Commentando i fatti di Parigi del gennaio 2015, il giurista Gustavo Zagrebelsky non teme di mostrare il proprio smarrimento di fronte all’enormità dei fatti. Non è solo uno smarrimento personale, corrisponde piuttosto allo stato in cui versa il nostro mondo, segnato da contraddizioni che non si arrivano ad amministrare. Possiamo guardare a tali contraddizioni senza restarne lacerati? O dobbiamo pensare che questo è il prezzo da pagare al disordine del mondo in cui viviamo?

'Il mondo è divenuto troppo complicato per poter essere tenuto in ordine' scrive Zagrebelsky. 'Questa è l'unica considerazione obbiettiva, di fronte non solo alla tragedia di Parigi, ma anche alle tante stragi lontane da noi, da cui allontaniamo l'attenzione appena ne apprendiamo l'esistenza. Il mondo è in subbuglio e non esiste visione, teoria, algoritmo, capace di risolverne le incognite. [...] Vacilla il pensiero, ancor prima che l'azione'.

Vacilla la nostra capacità di leggere il mondo e di rappresentarlo. L'esercizio della razionalità si smarrisce in una selva di incognite; il pensiero deve procedere al buio.

L'antropologo Clifford Geertz parla dell'uomo come di 'un animale sospeso a ragnatele di significato che egli stesso ha filato'. Che cosa accade quando la fitta trama di queste ragnatele viene lacerata, quando il pensiero, appunto, vacilla? Precipitiamo, con tutte le nostre costruzioni mentali, nell'abisso che si apre sotto i nostri piedi. Sono le ragnatele a sostenerci. I loro fili sottili formano il nostro precarissimo suolo. Fili che possono spezzarsi, lasciandoci senza risorse mentali.

Questo è il rischio che abbiamo di fronte. Esso proviene dalla storia che abbiamo costruito. Non lo si può eliminare. Però lo si può fronteggiare. Come si può fronteggiare il male, aprendo piccoli varchi, feritoie per poter respirare, 'brecce nel mondo murato'. Il discorso di Stoltenberg, la storia di Lassana aprono 'brecce nel mondo murato'.

2
Il cuore diviso

I confini dell'anima

'Per quanto tu cammini e percorra ogni strada, non potrai raggiungere i confini dell'anima, tanto profondo è il suo essere'.

Questo è uno dei frammenti di Eraclito più celebrati e commentati. E forse anche uno dei più nitidi. Quello che abbiamo tradotto con 'essere' è in realtà il *logos*: cioè la ragione profonda, il senso ultimo, il significato, ciò che tiene insieme tutte le cose.

I confini dell'anima non si possono raggiungere perché l'anima è un territorio sconfinato. Inafferrabile e sfuggente è la sua materia. Come inafferrabile e sfuggente è il cuore umano: un abisso senza fondo, un groviglio di sentimenti, di pulsioni, di passioni, che stentano a trovare unità e identità. Non è facile definire un comportamento che possa risultare coerente con le nostre stesse intenzioni. Di fronte agli altri ognuno offre soltanto una rappresentazione parziale e semplificata del subbuglio in cui l'anima si dibatte. Nessuno al mondo è interamente buono o interamente cattivo. 'Mai un uomo, o un atto, è tutto samsara o tutto nirvana, mai un uomo è interamente santo o interamente peccatore...'. Lo dice Siddharta, nel romanzo di Hermann Hesse. 'Non è concesso all'uomo di scorgere a che punto sia il suo simile della propria strada: in briganti e in giocatori d'azzardo si cela il Buddha, nel Brahmino può celarsi il brigante'.

A governare questo tumulto ci hanno provato le sapienze di ogni tempo, il pensiero religioso, quello filosofico e, in tempi più recenti, dentro lo sviluppo della modernità, tutti quei saperi che si sono avventurati nel folto della psiche, con le sue vette e i suoi smarrimenti, i suoi slanci e le sue catastrofi.

Ma il tumulto è stato appena intravisto, e appena arginato. Niente di più. I battiti del cuore umano, le sue scansioni, non si sono fatti più regolari.

Muscolo pensante, il cuore si accende di 'sensazioni incompatibili', si esprime in una aspra sinfonia di odio e di amore, di avidità e d'impeto generoso. Si divincola, si dibatte tra il bene che desidera per sé e quello che vorrebbe per l'altro, e non sempre coincidono. Tra il male che non vorrebbe fare e quello che invece fa, a sé e agli altri, spesso travestito da buone intenzioni.

Con una sagacia psicologica che sorprende in un profilo passionale e ardente come il suo, l'apostolo Paolo arriva a indicare, in un passo della *Lettera ai Romani*, il punto di divergenza dove il senso delle cose e delle umane prospettive si rovescia, e l'uomo non si riconosce più, e neppure riconosce quello che fa o quello che pensa. Come separato dal suo essere, tutto sembra accadere a sua insaputa, nell'entroterra scivoloso della mente. Colpisce in questo apostolo impetuoso ed estremo il modo sottile, mobile di guardare all'uomo. E quello che poi, con qualche sconcerto, se ne conclude è che l'uomo ignora se stesso, illuminato da una consapevolezza assai ridotta: 'Non riesco a capire ciò che faccio' scrive Paolo. Ed ecco il ribaltamento delle prospettive, insieme al totale disfacimento della volontà umana. L'uomo non è in grado di guidare il suo stesso cammino. Va alla deriva, trascinato da forze che non domina e neppure conosce: 'Io faccio non quello che voglio, ma quello che detesto...' La conclusione di Paolo è sotto il segno di una negatività radicale: 'In me, cioè nella mia carne, non abita il bene: in me c'è il desiderio del bene, ma non la capacità di attuarlo; infatti io non compio il bene che voglio, ma il male che non voglio' (*Romani* 7,15-19).

Paolo sferra un colpo d'intelligenza capace di fracassare l'armatura delle idee consolidate, buttando all'aria le maschere, i travestimenti, le finzioni che via via l'uomo può assumere. I fantasmi della mente, le simulazioni dell'io non resistono al suo impeto. Egli mira all'essenziale, ciò in cui versa ogni uomo, che non è l'ordine, ma il tumulto dell'anima e della mente, lo stato insurrezionale dei desideri dentro il 'cuore diviso'. Le sue parole sono capaci di muoversi con disinvoltura tra i rovelli dell'anima, nella rete di opposizioni con cui è intessuto il cuore dell'uomo.

Del resto, se vogliamo guardare in questa chiave al testo biblico, troveremo infiniti racconti di lotte portate dentro il cuore umano, fra trasgressioni e fedeltà, gesti di salvezza e atti di crudeltà, in un vorticoso alternarsi di luci e di tenebre, di bagliori e di oscurità in cui sarà difficile definire contorni precisi. A partire dallo stesso *incipit* della *Genesi*, quando la luce viene separata dalle 'tenebre che erano al di sopra dell'abisso', in una immagine che sembra restituire plasticamente la fatica del chiarore che si fa strada nella notte. Per arrivare fino ai racconti di resurrezione, che avvengono tutti nel crepuscolo incerto dell'aurora, quando i primi lucori rendono indistinte le figure e le cose, quasi a significare che non ci troviamo di fronte a limpide e inequivocabili presenze, ma a visioni, suggestioni, desideri, speranze.

Mostro e prodigio

Come l'apostolo Paolo, anche Agostino, circa tre secoli dopo, non è da meno nello sviluppare un'anatomia del cuore. Identifica nella creatura umana, fin dalla primissima infanzia, un viluppo di egoismo e di amore, di avidità e di dedizione, di piacere condiviso e di famelica ingordigia.

Nel primo libro delle *Confessioni*, dedica alcune pagine, straordinarie per capacità di osservazione, al bambino 'geloso', imprigionato nell'imperioso assoluto del suo bisogno: un 'padrone' che ignora ogni altro ordine. Il freudiano 'perverso polimorfo' non sembra troppo distante, anche se fra Agostino e Freud si estende la ragguardevole distanza di almeno millequattrocento anni.

'Io ho visto e conosciuto bene un bambino geloso' dice Agostino, riconoscendosi in quel bambino.

> Non parlava ancora e già guardava livido, con occhi torvi, il suo fratello di latte. Chi non le sa queste cose? [...] Non la si può chiamare innocenza questa insofferenza, questo rifiuto di condividere il latte con qualcun altro, anche se il latte fluisce dalla stessa fonte ricco e abbondante, e anche se l'altro bambino ne ha lo stesso bisogno vitale.

La psicologia infantile contemporanea si muove in una direzione diversa. Tende piuttosto a valorizzare la dimensione costruttiva del bambino che, attraverso un atteggiamento collaborativo con la madre o comunque con la persona o le persone che lo accudiscono, in realtà dà prova della fondamentale socievolezza dell'essere umano. Il bambino non è una macchina di egoismo distruttivo, proteso soltanto, e imperativamente, a soddisfare il proprio bisogno, ma risulta in grado di costruire comunità. Il contatto con il corpo materno, l'assimilazione del linguaggio come strumento di scambio e come scoperta dell'intelligenza, il desiderio di gioco e di riso da condividere fanno del piccolo d'uomo un minuscolo *sapiens* che, abbattendo gli ostacoli che qua e là si possono innalzare intorno a lui, energicamente e fattivamente costruisce casa, mondo e una reciprocità capace di produrre e alimentare relazioni, fare comunità. Tuttavia è vero che restiamo sconcertati di fronte a indubitabili manifestazioni di aggressività infantile, come una sorta di avida ferocia primigenia.

Allora, viene spontanea la domanda: possiamo essere capaci di bene o siamo destinati al male? Riusciamo a sporgerci verso chi ci sta di fronte con un gesto che sia di nutrimento per l'altro? Oppure restiamo sigillati in noi stessi? Fermi, immobili, inabili ad agire.

Il cuore è diviso, doppio, molteplice, in bilico fra ordini e piani diversi, spinte e tensioni contrapposte. Tesa al paradosso è la condizione della creatura umana. 'Mostro' e, insieme, 'prodigio' secondo Blaise Pascal:

> Che chimera è dunque l'uomo? Quale novità, quale mostro, quale caos, quale soggetto di contraddizioni, quale prodigio? Giudice di tutte le cose, ottuso lombrico, depositario del vero e cloaca d'incertezza e d'errore; gloria e rifiuto dell'universo. [...] Prendi atto, o superbo, di quale paradosso sei a te stesso! Umiliati, ragione impotente! Taci, debole natura, impara che l'uomo va infinitamente al di là dell'uomo, e apprendi dal tuo maestro qual è la tua vera condizione che ignori.

Questi sono gli sbalzi, i salti, gli strappi dell'umano. Difficile da dipanare la sua intricata matassa, impossibile mettervi ordine. E improduttiva è la strumentazione razionale: non ce la fa la ragione a raccapezzarsi, come se il suo sguardo non reggesse alla 'cloaca d'incertezza e di errore', che si trova davanti. Bussola inservibile, la ragione è sfiancata dai paradossi che si affollano dentro l'uomo.

Se, come dice Pascal, 'l'uomo eccede infinitamente l'uomo', anche il suo bene e il suo male sono trascinati in questo convulso movimento. Difficile tener separati l'uno dall'altro. Le demarcazioni sono tutt'altro che nette. Esistono infinite coloriture fra il nero gorgo del male e le trasparenze del bene. Bagliori improvvisi fendono il caos delle tenebre. Ma, in primo luogo, quelle tenebre che sono anche dentro di noi è necessario riconoscerle.

La 'bestia immonda'

Gli altri vivono in noi, e noi viviamo in loro è il titolo di un libro di Tzvetan Todorov che s'impenna nell'affermazione perentoria che abbiamo appena riportato: 'La bestia immonda è dentro di noi'. Il male ci appartiene. Esso è cosa umana.

Non solo quello che subiamo da altri, ma quello che infliggiamo ad altri, più difficile da riconoscere, perché riposa nel nostro 'cuore diviso'.

Guardare dentro il buio, toccare il nostro male, capire la sua presenza. Se non ne saremo capaci, non riusciremo neppure se non a sconfiggerlo, almeno ad attenuarne gli effetti, a contrastarne l'azione.

Questo è il maggior interesse di Tzvetan Todorov. Dopo aver lavorato sulla teoria del linguaggio e sulla letteratura, in particolare quella fantastica, negli ultimi vent'anni Todorov ha deviato il suo cammino, come se una forza l'avesse trascinato, catturandolo nella spirale vischiosa della storia del Novecento. Ha così steso una sorta di bilancio morale del secolo appena passato, rivolgendo la sua attenzione al male che lo segna, alle sue manifestazioni estreme, alle sue tragedie, e a quella 'tentazione del bene' che spesso è solo la spinta di ogni oppressione e di ogni totalitarismo. Todorov ha voluto anche fare memoria di chi ha cercato di 'resistere' al male, di chi, senza farsi 'tentare' dall'utopia perversa di un bene assoluto, ha disegnato una speranza per il 'legno storto dell'umanità'. Non si è dunque limitato a constatare la presenza del male e a circoscriverne gli effetti. Egli sa che tra il male e la vita c'è una sottile complicità, e dunque non lo si può eliminare o espellerlo dalla storia e dalla comunità degli uomini. Non con un colpo secco. La 'bestia immonda' convive, talvolta, con il desiderio di tenerezza dell'animale uomo.

Quello che si può fare è, forse, frenare l'affermazione del male e contenerne l'invadente espansione. Ci si può difendere, insomma, contendere il terreno palmo a palmo. In una strenua lotta.

Ma l'inizio, il primo passo, è uno soltanto: riconoscere che il male è anche in noi.

'Del resto' dice Todorov, 'i *Vangeli* stessi suggeriscono un'interpretazione prudente della formula della preghiera: piuttosto che liberare gli uomini dal male una volta per tutte, Gesù chiede a Dio di *proteggerli* dal male'.

Per la verità, le due formulazioni convivono, nei *Vangeli*. La prima, contenuta nel versetto della preghiera insegnata da Gesù ai discepoli, dice esattamente: 'Liberaci dal male [o dal maligno, n.d.A.]' (*Matteo* 6,13). Non prevede dunque che la creatura umana possa liberarsi dal male con i suoi soli mezzi. La seconda, nel *Vangelo di Giovanni*, è invece una preghiera di Gesù stesso, affinché il Padre 'li custodisca dal maligno' (*Giovanni* 17,15). Le due indicazioni – tra disperazione dell'umano ed esile speranza del bene sulla terra – contengono una oscillazione significativa.

Si diceva che i sistemi giuridici e quelli dottrinari, le metodologie, le ideologie, i saperi hanno tentato – senza riuscirvi – di governare il tumulto dell'anima. Nella letteratura, come nella vita, esso trova il suo campo di elezione. La letteratura è una forma di sapere senza dottrina, o forse non è neppure un sapere. E comunque non pretende di bonificare, né vuole rimuovere le tensioni divergenti che scuotono il cuore. Le registra, le cataloga, le censisce, come in un grande archivio della vita.

> Ora non voglio che ascoltare,
> per derivare in questo canto ciò che odo,
> per lasciare che i suoni vi affluiscano.

Così dice il poeta Walt Whitman in *Foglie d'erba*.

La letteratura lascia che i suoni dell'uomo 'affluiscano', tende loro l'orecchio, li ascolta. Questa, probabilmente, è la sua maggiore vocazione: raccogliere le voci discordanti dell'umano, seguirne le dissonanze, raccontare le sue guerre.

Il poeta portoghese Ferdinando Pessoa ha dato espressione alla sfrenata moltitudine che abita l'uomo, una congerie di identità insieme a una congerie di sentimenti, un pendolo nel cui arco oscillano rappresentazioni diverse, opposte, inconciliabili. L'uomo non è *uno*, come spesso, nel corso della sua storia, si è voluto pensare; l'uomo è *molti*, e dunque diviso, lacerato, niente affatto armonico. Chi è davvero in grado di comandare il suo cuore?

Intorno al 1915 Ferdinando Pessoa scrive il poema *Ode marittima*, occultandosi, come spesso ha fatto, sotto un altro nome. In questo caso, il nome di Álvaro de Campos, uno dei tanti messi in vita dal suo estro creativo.

Nel 1915 è in corso la Prima guerra mondiale. Il mondo si è diviso, e gli uomini si massacrano. Ovviamente non è la prima volta che questo accade, ma quella guerra, che si è diffusa come un'epidemia mortale in tutto il Vecchio continente e oltre, è una terribile sintesi della distruttività umana.

> C'è una sinfonia di sensazioni incompatibili e analoghe,
> c'è un'orchestrazione nel mio sangue di tumulti e di crimini,
> di strepiti convulsi di orge di sangue sui mari,
> furiosamente, come una raffica di calore attraversa lo spirito,
> nuvola di polvere calda che annuvola la mia lucidità
> e mi fa vedere e sognare tutto questo solo con la pelle e le vene.

Una lucidità velata dalla polvere, uno spirito intontito da 'una raffica di calore', stremato dalla ridda dei suoi stessi contrasti.

Giorni chiari e giorni scuri

Diviso il cuore, divisi i giorni della nostra vita. Momenti neri, istanti luminosi. Giorni chiari, giorni scuri. E fra gli uni e gli altri un dinamismo estenuante. La vita si sviluppa nel trambusto delle alternanze.

I giorni chiari è il titolo di un romanzo, uscito in Germania nel 2011, di Zsuzsa Bánk, scrittrice tedesca di origine ungherese (i genitori fuggirono dall'Ungheria dopo la rivoluzione del 1956). Il romanzo ha l'ampia musicalità della vita, e della vita racconta le alternanze, i suoi giorni chiari e quelli scuri.

Al centro tre bambini, poi adolescenti, infine giovani adulti. Si chiamano Seri, Karl, Aja. Vivono in una cittadina nel Sud della Germania negli anni Sessanta. Vengono da storie diverse, ciascuna segnata da una mancanza, o da un segreto di cui nulla trapela. Ma si sa, i segreti di famiglia, o i dolori che si vogliono dimenticare, anche se chiusi a chiave nella cassaforte della mente, trasudano attraverso i silenzi, le assenze, i relitti riemersi dai naufragi del passato.

Seri, la voce narrante, ha perduto improvvisamente suo padre. Karl vive in un totale isolamento affettivo da quando il fratellino è scomparso in un'auto misteriosa, e non è più stato ritrovato. Aja vive con quella che lei ritiene sua madre in una baracca ai confini del paese, e vede il padre le poche volte che fa una rapida comparsa nel corso dell'anno.

I 'giorni scuri' sono quelli in cui le ombre della vita si allungano sui tre bambini, riaffiorano i ricordi, rombano i silenzi, e le rabbie o le afflizioni degli adulti riescono ad avere il sopravvento.

I 'giorni chiari' sono quelli in cui i bambini si raccolgono nell'intimità della loro infanzia cercando la luce del giardino dietro i campi. 'Giorni chiari' sono le mattinate trascorse lungo il fiume, a inseguire il caldo profumo dell'amicizia e dell'amore. Fragranze di bene.

La vita riserva dell'altro: Seri, Karl, Aja, dovranno attraversare per intero la 'città delle menzogne', assaporare il tradimento e la passione, patire la distanza e la separazione, per poi, a fatica, 'fare pace con l'oscurità'.

La somma del chiaro e dello scuro non ha come suo risultato un grigio uniforme. Ma le innumerevoli gradazioni che stanno fra il bianco della felicità e il nero dello sconforto. Rifrazioni senza fine, che vanno dal color della pece all'azzurro dell'oro, dalla notte di tenebra al biancore dell'alba.

Esistono però anche i cuori di tenebra. E tuttavia anch'essi, a loro modo, racchiudono ambigue sfumature di tenerezza.

Le metamorfosi di Satana

L'Avversario, 'colui che si oppone', nell'Antico Testamento, e poi, nel cristianesimo, l''arcangelo del male', è uno dei nomi di Satana. E Satana – l'Avversario – possiede una devastante potenza distruttiva che si rovescia sul bene e si adopera per distruggerlo, facendo il vuoto attorno a sé. Ne sa qualcosa il pio Giobbe, che Satana, l'Avversario – il Signore Dio consenziente suo malgrado – prende di mira. Egli si occulta, simula, altera la realtà.

Così ha fatto Jean-Claude Romand per quasi vent'anni. Mentendo su tutto, e mentendo a tutti. Quando, agli inizi del 1993, il suo castello di menzogne comincia a scricchiolare, uccide prima la moglie, poi i due figli piccoli, più tardi il padre, la madre, persino il cane. Brucia la casa, e tenta di ammazzarsi. Tripudio dell'annientamento: che nulla resti in piedi, che vada tutto a fuoco. Dopo tanta menzogna, la verità che a questo punto può emergere prende la forma del suo personale disastro.

Lo scrittore Emmanuel Carrère ha ricostruito la storia di Jean-Claude Romand. È un viaggio ai limiti del credibile. Il suo romanzo *L'Avversario*, uscito in Francia nel 2000, è stato definito romanzo-inchiesta o romanzo-verità. Ma è semplicemente una narrazione che sa tallonare Jean-Claude Romand fin dove lui stesso è arrivato, all'estremo dell'umano, in una lontananza difficile da capire o da spiegare.

Scrive Emmanuel Carrère nell'*Avversario*: 'L'inchiesta ha rivelato che non era affatto un medico come sosteneva, e cosa ancor più difficile da credere, che non era nient'altro'.

Carrère segue la vita di Jean-Claude Romand quasi giorno per giorno, mette a fuoco l''assenza' di cui si nutre, e l''impostura' che ne è il fondamento.

Come una creatura della notte, Romand non ama la luce. Alla verità preferisce la rovina. Per anni l'ha covata in sé. Anche il suo tentato suicidio, dopo aver massacrato l'intera sua famiglia, probabilmente è stato contraffatto, sebbene abbia messo in gioco la sua vita. È l'ultima delle sue falsificazioni, il punto più avanzato e spericolato dei suoi azzardi. Il suo salto nel vuoto, prima del tracollo.

Nella storia di Jean-Claude Romand ci si sente a disagio, spaesati come in un labirinto di specchi rotti. Carrère parla del 'turbamento' che lui stesso ha provato. L'ordine delle cose è stato messo a soqquadro, il falso ha soppiantato il vero, lo ha spolpato; il bene e il male si sono persi strada facendo, e non se ne ha più notizia. È la menzogna a dominare il campo. Ed è la menzogna a mantenere in vita Jean-Claude Romand. Qualcosa che conosce da sempre, a cui ha fatto ricorso in tutti i bivi della sua esistenza. La menzogna gli ha consentito di scansare gli ostacoli incontrati via via, finché la vita gli è franata addosso.

Quando arriva la resa dei conti, gli ostacoli li abbatte senza troppi riguardi: moglie, padre, madre, figli, pure l'amante che comunque riesce a sottrarsi alla tragedia.

Jean-Claude è un'implacabile macchina di morte. Eppure voleva la vita. Com'è che le cose si sono ingarbugliate fino a questo punto?

Nulla si arriva a leggere negli occhi o nel volto di Jean-Claude Romand, morbido, soffice, dai tratti gentili. Tutto appare attutito, smorzato. Un po' di tensione la si nota nelle fotografie scattate durante il processo. D'altra parte, non deve essere stato facile sostenere un'aula di tribunale, mentre la sua vita veniva scoperchiata. Tutti quegli sguardi puntati su di lui per cercare di penetrarne il segreto. Sguardi famelici. Quelli degli amici di un tempo: di lui si erano fidati come di nessun altro, gli avevano creduto senza nutrire il minimo sospetto. E proprio la loro fiducia aveva sorretto, per tutti quegli anni, la deforme architettura della vita di Romand.

Jean-Claude è un prestigiatore fallito. I suoi giochi sono stati messi allo scoperto. Nelle fotografie fatte al processo emerge appena un grumo di cupezza, l'annuncio di una tempesta emotiva, le prime nuvole dense di una grave depressione. Gli stessi psichiatri che lo hanno in osservazione la temono, e in effetti arriverà.

Una sola fotografia, ma di qualche anno prima, può apparire discretamente rivelatrice. Jean-Claude sorride, ed è la sola foto, fra quelle che si conoscono, in cui lo fa. Non un sorriso aperto, pieno, ma a bocca semichiusa, due piccole fossette ai suoi lati sembrano trattenerlo, quasi soffocarlo. Con quel sorriso, velato di perplessità, Jean-Claude sembra mettersi in mano a chi gli sta di fronte, cerca la sua comprensione. Questo, a suo dire, ha sempre fatto.

Quando, alla fine del processo, prenderà la parola vorrà chiedere perdono ai suoi morti: 'Vi chiedo perdono perché non ho sopportato l'idea di farvi soffrire'.

In questa frase cova, si nasconde, ma comincia a fare capolino, una richiesta di assoluzione, ed è l'assoluzione che, senza dichiararlo, Jean-Claude Romand si è dato da solo. Egli si rappresenta come la vittima di se stesso, e in qualche modo è anche vero.

Questo è il punto più denso delle sue falsificazioni: Jean-Claude Romand ha ucciso (ha massacrato la moglie a colpi di mattarello) per 'non far soffrire'. E per la stessa ragione – 'non far soffrire' – ha manipolato la sua vita.

C'è nella mente di tutti, anche senza arrivare agli esiti patologici della storia che stiamo raccontando, una disposizione ad alterare e talvolta a capovolgere il senso delle cose. Per difendersi, per proteggere la propria vita, o la vita di chi ci sta accanto. Così si può anche pensare di ricorrere al male per ottenere il bene, o quello che si ritiene essere il bene. Qui scalpita il paradosso. Le parole dell'apostolo Paolo, che abbiamo già incontrato, aiutano a scioglierne i nodi: 'In me, cioè nella mia carne, non abita il bene: in me c'è il desiderio del bene, ma non la capacità di attuarlo; infatti io non compio il bene che voglio, ma il male che non voglio'.

Si può dunque fare il male pensando di fare il bene? La storia di Jean-Claude Romand sta all'apice di questa sorta di scambio fra bene e male.

Il suo è un 'cuore diviso'. Per scansare la vergogna e preservare la sua famiglia dalla catastrofe, ha abbracciato insieme la vergogna e la catastrofe, le ha sommate. Ma non ha mai rotto le regole del suo terribile gioco, come nota Carrère, non ha ricomposto le lacerazioni, le spaccature che lo dividevano. Si è intossicato di menzogne. E fino alla fine. Ha avvelenato, ha distorto, ha corrotto tutto ciò che aveva intorno. Ha falsificato l'intera vita.

Questo però gli ha consentito un'unità fittizia, artificiale, che ha tenuto insieme la sua esistenza prima che si disgregasse. È il lato assolutamente singolare, e tragicamente, sinistramente grandioso di questa storia.

Jean-Claude Romand ha fabbricato simulacri, immagini vuote. Piuttosto che scegliere la verità, è andato incontro al suo tracollo, trascinando tutti nella caduta, in un collasso generale dei legami e degli affetti.

'Crea in me un cuore indiviso. Rinnova in me uno spirito saldo' si legge nel Salmo 51. E nel libro del profeta Geremia: 'Niente è più infido del cuore, e difficilmente guarisce! Chi lo può conoscere?' (17,9). Ed è questa la sensazione che si ha guardando anche soltanto da lontano la 'solitudine' di Jean-Claude Romand e la sua 'impostura': il cuore è 'infido', e 'difficilmente guarisce'.

Promesse d'umanità

Se la vita vissuta spesso occulta le lotte dell'anima, il racconto letterario fa di tutto per svelarne i segreti. Con il solo strumento della parola: nudo, inerme, ma affilato, capace di far affiorare i fermenti più nascosti.

Non di uno, ma di molti strumenti si può servire il racconto cinematografico: le luci e le ombre, i colori e le forme, gli ambienti, i volti, i sussulti, un battito di ciglia, o ancor meno, il fremito impercettibile di una mano, i rumori, i suoni, le voci che mentono, le voci che ridono, le voci che sussurrano l'indicibile, i gesti insignificanti e i gesti fatali. Proprio perché può giocare su molti registri espressivi, il cinema può facilmente ingannare, scivolar via senza scavare traccia, può lasciare segni meno profondi di un racconto di parola. Ma quando riesce a fare di tutti questi tratti un vero linguaggio, ecco che spalanca dentro la nostra memoria una voragine di emozioni indistruttibile. Nel contrasto fra il bene e il male riproduce l'inesauribile varietà della vita: dalle clamorose epopee alle minute vicende familiari, dai grandiosi racconti corali ai silenzi degli eroi solitari.

Solo pochi esempi.

In un paesaggio urbano più squallido che sordido, in una grigia provincia alle porte di Liegi, bagnata di umidore e di pioggia, un gruppo di immigrati clandestini trova magri lavori in cantiere e miserevoli abitazioni grazie al frenetico darsi da fare di Roger, 'importatore' di uomini, cinico per stordimento e per desiderio di riscatto, e di suo figlio quindicenne Igor, volto duro di adolescente, mitigato appena da tratti ancora infantili. Sono i protagonisti del film *La promesse*, scritto e diretto dai fratelli Jean-Pierre e Luc Dardenne nel 1996, quando ancora la piaga dello sfruttamento dei clandestini non aveva assunto il profilo attuale, ma esisteva già corposa come un'ulcera incistata nel tessuto della città.

La frenesia di Roger – prendere i clandestini, portarli al cantiere, riscuotere gli affitti, concedere qualche prestito, distribuire le paghe, minacciare, risolvere questioni – non si arresta neppure quando un immigrato del Burkina Faso, per una distrazione, cade dall'impalcatura. Hamidou, questo il suo nome, muore, senza che Roger, temendo l'intervento degli ispettori dell'immigrazione, abbia pensato di portarlo in ospedale, dove forse lo avrebbero salvato. Il ragazzo, Igor, per la prima volta è scosso. Il suo cuore è 'diviso' tra la fedeltà al padre, che non vorrebbe in nessun modo compromettere, e la fedeltà alla promessa che Hamidou gli ha strappato prima di perdere conoscenza: occuparsi di sua moglie e del suo bambino. In un inquieto andare e venire, fuggire e restare, lacerato tra il desiderio di parlare e il dovere di tacere che gli si leggono in tratti appena sfumati sul volto che si fa più duro e più tenero al tempo stesso, Igor finisce per cedere alla 'promessa'. Confesserà alla donna la verità: che il corpo del marito giace ancora in un angolo della cantina, a due passi dalla loro abitazione, sepolto sotto la calce, e in quel cedere alla verità si intravvede appena una promessa di umanità. Il ragazzo vince la sua ruvida solitudine – è cresciuto senza madre, anche se nel film non si fa mai cenno a questa mancanza – sostenuta dalla incontenibile fattività paterna. Confessare la verità alla donna – di cui Roger voleva liberarsi vendendola a un racket di prostituzione – significa riconoscerle una sua dignità. E significa anche, per il ragazzo, cedere a un desiderio di tenerezza materna che evidentemente non ha mai conosciuto.

Questo film è tutto giocato sul movimento, sull'andare e venire di poveri derelitti – padroni e vittime – sullo stesso palcoscenico di spoglia inumanità. E sulle ombre appena accennate di emozioni che passano sui volti induriti dalla necessità. La denuncia è chiara. La legge delle vite ai margini è inesorabile. Ma alla fine a tutti è data

– soltanto data – la possibilità di smentire l'inumanità degli uomini. Il film si chiude in un sottopassaggio di cui non si vede l'uscita, lasciando aperto uno spiraglio di verità.

Un'altra promessa di umanità la si intravvede in *Sister*, un film del 2012 della regista franco-svizzera Ursula Meier. In un caseggiato popolare, ai piedi di una lussuosa località sciistica sulle alpi svizzere, vive il dodicenne Simon con la sorella maggiore Louise. Solitudine. Silenzio. Miseria in agguato. Quando la ragazza perde il lavoro, è Simon che si industria. Ruba, con metodo e abilità, oggetti e attrezzature sciistiche (sci, guanti, giacche, berretti, soldi quando può) ai suoi ricchi coetanei che si godono le vacanze, e poi li rivende a una piccola rete di amici o miserabili affaristi che si è costruito.

Quando la sorella di Simon sembra essersi trovata un amico che potrebbe rappresentare una svolta nelle loro vite precarie, il racconto del film s'impenna in una sorprendente rivelazione: la ragazza non è la sorella, è sua madre. Una strana madre, che si fa mantenere dal figlio, gli lesina qualche distratta tenerezza, e non ha per lui nessuna delle attenzioni o delle preoccupazioni che ci si aspetta da una madre. Anzi, imputando a Simon la responsabilità del fallimento della sua relazione, Louise porta alla luce la verità fino a quel momento taciuta, il loro vero legame. Presa da una furia cieca, caccia di casa il figlio, lo abbandona.

Il film sembra finire così. La stagione sciistica è giunta al termine. Con essa le piccole ruberie di Simon, che non può più mendicare le avare e prudenti affettuosità di Louise. Le due solitudini sembrano irrimediabili e definitive. Ma ecco: in una scena velocissima, quasi un lampo silenzioso, in cui le due cabine della funivia – quella che sale in cui c'è Louise e quella che scende in cui sta Simon – si incrociano, gli sguardi si abbracciano ansiosi, in una brama di riconoscimento, di incontro, di comprensione, che lascia presagire – soltanto presagire – una promessa di vita insieme.

Ma ci sono scenari più duri, impietosi, in cui l'umano è teso al suo limite, non si arriva a discernere il male dal bene. Sono gli scenari delle guerre più recenti.

Il male è qui

Qui è Falluja, città dell'Iraq a settanta chilometri da Baghdad. Nella Seconda guerra del Golfo, a partire dal 2003, Falluja è l'essenza del conflitto in corso.

«Il male è qui» parole secche come una sentenza. Le pronuncia un giovane soldato americano, un implacabile tiratore scelto dei Navy SEALS, le forze speciali della Marina degli Stati Uniti. Si chiama Chris Kyle. Il suo nome risuona come quello di una leggenda vivente. Un mito per i suoi compagni, per gli iracheni un simbolo di morte. Nel 2014, Clint Eastwood ha messo la figura di Chris Kyle al centro del suo ultimo film, *American Sniper*.

Un'immagine guida le azioni di Chris, una luce lontana, ma ben salda nel suo cuore. Un'immagine ereditata dal padre. Ci sono tre tipi di persone, diceva il padre al piccolo Chris che lo ascoltava con devota attenzione: ci sono le 'pecore', ci sono i 'lupi', infine ci sono i 'cani da pastore'. E Chris si sente un 'cane da pastore', che si vota a difendere, con la sua arma micidiale, i compagni perduti nel labirinto di Falluja. Uccide per loro. Per tutelare le loro vite. Tiratore scelto, abbatte centosessanta uomini senza sbagliare un colpo.

«Il male è qui» dice sicuro. Il profilo del male è immediatamente riconoscibile. Non ci si può sbagliare. Chris ce l'ha davanti tutti i giorni, ci vive in mezzo, là fuori, nella giungla o nel deserto di Falluja. Lo mette a fuoco sul mirino del suo fucile. Sicuro di quello che vede, lo abbatte tutte le volte che può. Demolisce vite. Per il bene dei suoi.

In questo consiste il bene? Nell'abbattere le vite altrui per difendere le nostre? E il male, apparentemente così facile da identificare, è sempre dall'altra parte?

Chris Kyle verrà ucciso poco dopo il suo rientro in famiglia, e proprio da un compagno, lui che si era adoperato a proteggere i compagni più esposti al pericolo. «Affetto da disturbi psichici» diranno del suo assassino. A tanti è accaduto di restare impigliati nella rete delle proprie paure: una guerra non finisce mai quando finisce, ma continua a scoppiare nella testa dei più deboli.

Non viene dipinto come un eroe, Chris Kyle, ma come uno che crede di sapere in che cosa consiste il bene e dove sta il male.

Ma una venatura di incertezza serpeggia nel film. Non proprio al centro del racconto, dove ogni verità sembra ben squadrata e ferma («Il male è qui»), ma appena a lato. Per esempio quando Chris, in procinto di sparare a un ragazzino che potrebbe essere un potenziale terrorista, esita e poi, con sollievo, si accorge che non è necessario. C'è dunque un dubbio, dalla voce sicuramente debolissima, che vaga nella testa del protagonista. Per un istante, Chris non è sicuro di quello che sta facendo. Alza la canna della sua micidiale arma. Indugia. Aspetta. Solo per un istante le sue granitiche convinzioni vacillano. Il bene si annida in quella titubanza.

Eroe per caso

Eroe per caso è il titolo di un film del 1992 che ha avuto a suo tempo un certo successo. Ricordiamo la storia del protagonista, Bernie LaPlante, interpretato da un Dustin Hoffman in gran forma. Bernie è un piccolo ladro che si arrangia come può, vive di espedienti. Fino al giorno in cui si trova a salvare, quasi senza volerlo, spinto dalle circostanze, i sopravvissuti, ma ancora in pericolo di vita, di un grave incidente aereo. Bernie passava casualmente dal luogo dove l'aereo è precipitato, si è fermato per curiosità. Gli è parso di sentire delle grida d'aiuto provenire dalla carlinga in fiamme. Vorrebbe andarsene, e ignorare quello che vede e sente. Si dibatte. Resiste.

Ma secondo le cadenze della più assoluta casualità. Non c'è scelta in Bernie LaPlante-Dustin Hoffman, non c'è volontà. La sua morale è zoppicante. O, più precisamente, Bernie non ha affatto una morale. Potremmo forse dire che non se la può permettere. La sua ossessione, il suo credo, la sua personale divinità è la sopravvivenza. La sopravvivenza sopra ogni altra cosa. Questa è la sua filosofia di vita. Non scritta, non codificata, ma del tutto naturale e immediata.

Seguiamo i movimenti di Bernie: lo vediamo entrare, circospetto, prudente, perplesso, nella carlinga dell'aereo. Rubacchia quello che trova sul suo cammino, ne approfitta perché così è abituato a fare. Perché dovrebbe perdere quell'occasione? Perché non trarre vantaggio dalla situazione in cui si trova?

Alla fine, a proprio rischio, porterà fuori dall'aereo in fiamme, e sulle sue spalle, tutti i passeggeri che non sono in grado di muoversi. Uno a uno. Non sa neanche perché lo fa. Lo fa. Borbottando. Non indossando certo la maschera dell'eroe, che non è cosa per lui. Mentre, dietro di lui, l'aereo esplode. Il piccolo imbroglione, campione di raggiri e sotterfugi, bugiardo, non ha saputo dire di no a chi ha visto in difficoltà, forse perché lui stesso è costantemente in difficoltà.

Non era convinto di fare quello che ha fatto, e tuttavia lo ha fatto. Non avrebbe voluto fermarsi a salvare i reduci del disastro aereo – avrebbe preferito voltare le spalle e tornare da dove era venuto – ma li ha salvati.

C'è qualche analogia fra Bernie LaPlante e Lassana Bathily, l''eroe per caso' dell'Hypercacher di Porte de Vincennes. E ci sono differenze. Lassana decide, sceglie, agisce in piena coscienza. A guidarlo è il suo cuore, non un pronunciamento morale, e neppure un principio religioso. La sua *buona azione*, se vogliamo dire così, si muove al di fuori di ogni ordine, morale o religioso. Non ha credo. O perlomeno, non è questa la fonte del suo agire.

Bernie LaPlante vive in una specie di dormiveglia morale. A lui è chiara, lo dicevamo, solo la logica della sopravvivenza. La sua consapevolezza si ammucchia tutta lì. Per il resto non sa dove finisce il male e dove comincia il bene. Si muove sul loro confine senza neppure averne nozione, in disinvolta mobilità, sempre in bilico fra l'uno e l'altro. Ed è questo che colpisce nella figura di Bernie LaPlante. Se Lassana mette in evidenza l'importanza del cuore, il ladruncolo Bernie ne porta allo scoperto le ambivalenze, gli ondeggiamenti, l'imponderabile instabilità. Fra bene e male i confini restano labili. E veloci i passaggi dall'uno all'altro. Nel loro territorio poche certezze, o nessuna certezza. I loro colori sbiadiscono sfumando nel grigio.

Nel giardino dei giusti

Non solo Lassana Bathily, ma anche Bernie LaPlante potrebbero trovar posto fra gli alberi di un 'giardino dei giusti' allargato. Il 'giardino dei giusti' non è un luogo per spiriti eletti, dove possiamo incontrare soltanto chi ha condotto la propria vita in modo irreprensibile, e sempre sotto il segno del rigore morale. Non sono fatti così i *giusti*. Sono uomini e donne che in tempi di sventura, di pericolo, di ignominia, si sono adoperati per salvare una vita, sottraendola all'offensiva della violenza, del sopruso, della sopraffazione. Almeno una vita. E dunque si può essere giusti anche per una sola volta. E si può essere giusti anche se precedentemente si è commessa ingiustizia. Perché è la vita salvata a eleggere il giusto. Quella vita, quell'uomo, quella donna, quel bambino. Con un nome e con un volto.

Nella tradizione talmudica, come del resto in quella coranica, si dice che 'chi salva una vita salva il mondo intero'. Ciò che conta è offrire una via di salvezza, una possibilità a una vita minacciata dall'annientamento, in procinto di essere divorata dalla brutalità degli uomini. Il giusto la protegge: affinché possa vivere ancora, possa lasciare il proprio solco sulla terra. Sottrae quella singola vita al suo destino, la strappa al meccanismo che la può stritolare, la nasconde, la difende, la sostiene, la custodisce. Il giusto agisce quando vede una vita messa a repentaglio.

'Come un pastore salva dalla gola del leone due zampe o un brandello d'orecchia' (3,12), si legge nel libro del profeta Amos. Così agisce il giusto. Collocato in un punto estremo della vita, in un suo drammatico crocevia. Qualche volta vorrebbe non vedere, fare magari per anni il cieco e il sordo, chiudere occhi e orecchi, e ogni accesso dell'anima. Questo accade a molti. Con chi esercita il potere, il giusto può intrattenere relazioni ambigue, o, talvolta, di quello stesso potere è ingranaggio.

Che cosa lo spinge allora ad agire? I suoi principi etici? La sua appartenenza religiosa? Forse anche. Ma c'è qualcosa di più fondo, che sta sotto lo strato in cui sono collocate la morale e la religione, dove le cose hanno nomi meno certi, più traballanti.

Egli vuole che la vita sia e che la morte arretri. Questo lo muove, e questo è il suo tacito presupposto.

Riprendiamo le parole del Talmud: 'Chi salva una vita salva il mondo intero'. Non mutiamo il loro senso se diciamo: chi salva una vita, salva *la vita intera*.

Moshe Bejski si è messo sulla strada dei giusti, li ha inseguiti dappertutto, come Simon Wiesenthal ha braccato indefessamente, per anni, i criminali di guerra. Un solo criminale libero era, per lui, un'offesa alla memoria delle vittime. Così Moshe Bejski: «Non volevo che un solo giusto fosse dimenticato da noi ebrei».

Nel 'giardino' di Gerusalemme voluto da Bejski (altri 'giardini' verranno aperti in seguito) viene piantato un albero per ogni uomo che ha sottratto almeno una vita alla pianificazione di morte voluta da Hitler. Nel memoriale di Yad Vashem, a Gerusalemme, molti sono anche i nomi e volti dei 'giusti dell'islam', che durante il grande macello nazista si sono adoperati, con gesti semplici ma efficaci, per salvare i loro fratelli ebrei.

Bejski ha lavorato contro l'oblio, ha lavorato perché del bene compiuto potesse restare memoria, perché il bene non venisse inghiottito dall'indifferenza o sepolto dal tempo. Accade spesso. Il tempo ha una sua forza travolgente, e ha poco riguardo verso il bene esercitato. O lo trasforma in cimelio, in monumento, o, altrimenti, non lo sa custodire, non ne riconosce il valore.

Bejski aveva una sua particolare idea di bene. Non voleva affatto celebrarne le gesta, non amava i monumenti, ma la vita, e gli uomini. E soprattutto Bejski vedeva la mescolanza di bene e male nella vita degli uomini. Sapeva estrarre schegge di bene anche dal terreno più arido. Era un sublime minatore che ha scavato a mani nude. E da solo. In più di un'occasione contro tutti.

Gabriele Nissim, che molto ha fatto per estendere e moltiplicare il 'giardino dei giusti' (ce ne sono anche in Italia), ha raccolto l'eredità di Moshe Bejski. Nel *Tribunale del bene* ha ricostruito la sua storia e la sua impresa, perché di una vera e propria impresa si è trattato.

> Moshe Bejski esercitava uno strano mestiere. [...] Si tuffava nel passato per scoprire un tipo di uomini (di cui si parla troppo poco) che nei tempi oscuri del mondo permettono di credere ancora nelle possibilità dell'uomo. Non poteva eliminare le macerie della Storia, né ridare sollievo alle vittime. Non aveva la bacchetta magica per rimarginare le ferite, ma nessuno come lui sapeva mostrare quante risorse ed energie possiedono gli esseri umani per resistere al male.

Moshe Bejski, polacco proveniente da un villaggio non lontano dalla città di Cracovia, ha conosciuto, come tutti gli ebrei polacchi, persecuzione e deportazione. Se poi non si è aggiunto alle vittime dello sterminio, è perché ha incontrato un uomo dalla morale incerta, 'un tedesco megalomane, semialcolizzato, donnaiolo, spendaccione, amante disordinato di tutti i piaceri mondani'. Il suo nome – Oskar Schindler – è oggi assai noto, se non altro per il film *La lista di Schindler* che nel 1993 il regista Steven Spielberg ha tratto dalla sua storia.

Ma è stato Bejski a difendere la memoria del suo gesto. Milleduecento ebrei, tra cui lo stesso Bejski, tratti in salvo mettendo in pericolo la sua posizione e la sua stessa vita. Ha sfidato il pregiudizio. Una lotta dura, ma valeva la pena. Ora sappiamo che il *giusto* non è un *santo*. Quasi mai il bene si trova allo stato puro, ma si fa strada fra le scorie dell'umano, le ambivalenze, le contraddizioni, s'insinua fra l'alto e il basso fra cui si trova ad altalenare.

Bejski porta un esempio, fra i tanti casi esaminati, quello di un esponente delle SS che, nell'occupazione di Amsterdam, aveva messo in salvo qualche decina di donne condannate alla deportazione, «mostrando» dice Bejski, «sia reali motivi di compassione, sia un chiaro interesse sessuale per le vittime femminili». Può essere eletto giusto? «Sono stato incerto fino all'ultimo» dice Moshe Bejski.

'Aveva scoperto' annota Nissim nel suo libro,

‘che non esisteva soltanto una zona grigia del male. [...] Esisteva anche qualcosa di diverso, di complicata catalogazione che forse potrebbe essere definito la zona grigia del bene’.

Zone grigie

Marco Belpoliti, il curatore dell’opera di Primo Levi, ha rilevato l’enorme dilatazione di quella geografia dai colori e dai contorni sfumati, labile, cangiante, che è la ‘zona grigia’. È nata per capire la realtà più nascosta dei lager – il rapporto fra persecutori e vittime – e ora è entrata in società come un concetto insaziabile che pretende di spiegare quasi tutto: «Il grigio è tornato di moda» osserva Marco Belpoliti. «‘Il male è qui’, ma come ‘zona’. [...] Tutti parlano di ‘zona grigia’ per indicare qualcosa di nascosto, d’impenetrabile, d’incerto, uno spazio dove si cospira, coperti da chissà quali protezioni».

Il termine – è noto – ha origini precise e circoscritte. Primo Levi ne parla ne *I sommersi e i salvati*, l’ultimo suo libro, un anno prima della morte. Come è accaduto a Bejski, Levi faticherà non poco ad affermare il senso della ‘zona grigia’. Verrà incredibilmente accusato di giustificare chi ha collaborato con i responsabili dello sterminio. Voleva in realtà soltanto capire il pervertimento dell'animo umano provocato inevitabilmente da un sistema di oppressione e di morte, quello che il carnefice può indurre nella vittima, rendendola, attraverso una sottile trama di privilegi concessi e di piccole gerarchie corporative, capace di sviluppare una mentalità incline al compromesso, facile alla corruzione. Primo Levi non intendeva, ovviamente, assolvere i carnefici dalle loro responsabilità osservando che anche i servi possono farsi a loro volta padroni di altri servi in condizioni più svantaggiate. Anzi, pervertendo l'animo delle vittime, i carnefici diventano colpevoli non solo del male che commettono, ma anche di quello che fanno commettere agli altri. Voleva semplicemente non sottrarsi al compito quasi impossibile di dar conto dell'abissale tortuosità dell'animo umano quale era emersa nei fanghi morali del lager.

'Siamo stati capaci noi reduci di comprendere e far comprendere la nostra esperienza?' si chiede, aprendo il capitolo del libro intitolato appunto alla 'zona grigia'. Levi era convinto che qualcosa sfuggiva ancora nei dinamismi del potere interni al lager e nella loro architettura. Averlo vissuto e subito, portarne sulle proprie spalle il dolore, può confondere. I sentimenti possono confondere, ma è poi possibile prescinderne?

‘L’uomo’ dice Thomas Mann, ‘è una creatura confusa; e tanto più confusa diventa, possiamo aggiungere, quanto più è sottoposta a tensioni: allora sfugge al nostro giudizio, così come impazzisce una bussola al polo magnetico’. Non c’è bussola che ci consenta di attraversare quella che Levi chiama l’‘area indefinita dell’ambiguità e del compromesso’, la regione delle ‘mezze coscienze’, dove nulla è esattamente delimitato, tantomeno il bene e il male. E in quella regione, quella zona di realtà dove nessun colore è distinto – questa è l’affermazione più importante di Primo Levi – ‘ci rispecchiamo tutti’. Siamo tutti parte della fascia grigia delle coscienze, cittadini dell’ambiguità e della doppiezza, ‘ibridi impastati di argilla e di spirito’.

Qui è lo stesso Primo Levi a optare per un possibile allargamento del concetto, e ad autorizzarlo. La ‘zona grigia’ manifesta pretese universali, diventando un emblema dell’ambiguità e della doppiezza umane. Sempre vi è una frenesia nelle parole, una smania di movimento che è difficile tenere a freno. Le parole e i loro significati si muovono, si mettono in cammino allontanandosi dal punto in cui sono state elaborate. È il destino del concetto di ‘zona grigia’, e di molti altri lemmi del nostro vocabolario mentale. La lingua è un luogo dove si consumano abbandoni e tradimenti. Primo Levi metteva in guardia dalla generalizzazione di questa espressione. E con ragione. Un seminario di studi del giugno 2015, all'Università La Sapienza di Roma, portava questo titolo: 'Incontro di civiltà: la zona grigia fra l'islam e Occidente'. Come una specie di indistinto brusio del discorso sociale, torna ancora la 'zona grigia', e ormai ben distante dal contesto in cui è nata. Basti pensare che il termine è stato utilizzato in un editoriale di *Dabiq*, organo dell'ISIS, per indicare i musulmani che non si decidono a entrare nelle loro fila, chi non compie lo strappo, chi non fa il salto verso la 'guerra santa' del Califfato. Questa è l'ultima propaggine di quel vasto territorio che è la 'zona grigia'.

E tuttavia se vogliamo cogliere in profondità la densa intelligenza accumulata nel 'grigio' delle coscienze, non possiamo non farla uscire dai recinti dei campi di sterminio per indicare le ramificazioni di ambiguità, le doppiezze che sempre si sviluppano nella zona intermedia fra chi esercita il potere e chi lo subisce. Non possiamo non accorgerci che il dramma delle coscienze obnubilate dai piccoli vantaggi quotidiani insidia tutti noi in ogni momento della nostra giornata.

La 'zona grigia' è anche figura di un allarme a cui tutti dobbiamo ascolto. Vi è 'zona grigia' dove si chiudono gli occhi per non vedere, dove per piccoli – o grandi! – privilegi si cede all'omertà e alla menzogna, dove non si leva la propria voce in difesa del debole e dell'inerme, dove ci si convince, per opportunismo o per semplice pigrizia, a far tacere la voce del cuore. Dove invece che alla coscienza – voce già di per sé ambigua che si alza dentro di noi – si dà ascolto alla 'mezza coscienza' che è capace di convincerci di ogni cosa. Questo era massimamente evidente nei lager come lo è in tutte le situazioni di oppressione estrema. Ma è anche una spia per sorvegliare i nostri passi, le nostre scelte, il nostro atteggiamento nella vita quotidiana. È una spia per tenere alto il senso della nostra responsabilità, non per ottunderlo.

Anche se il concetto può apparire sfiatato o alterato dall'uso fin troppo ampio, ci è servito per capire che fra il bene e il male c'è un'ampia gamma di espressioni. Il male può scaturire da un distratto gesto di acquiescenza. Il bene può fiorire, imprevisto, sulla terra dell'impostura. Ma la differenza resiste. La differenza è l'opzione per l'umano.

'Chi salva una vita, salva il mondo intero'. E questo vale anche oggi. È qui che occorre affermare l'umano, osando un gesto contro ciò che lo nega. Il *cuore diviso* deve fare la sua scelta.

Emerge, a questo punto, una domanda: data per ineliminabile l'indecifrabilità del cuore umano, è possibile *orientarlo* verso una scelta di bene? O ci dovremo affidare alla *spontaneità* di un gesto, all'improvvisazione di un soggetto particolarmente incline alla bontà, all'amore per l'altro, al sacrificio di sé? Forse anche qui non c'è una risposta netta. Ma non ci dobbiamo scoraggiare. Le risposte più sfumate, quelle che restano in rapporto con il dubbio, senza arrivare mai a escluderlo, lasciano aperto un campo più largo di eventualità.

3
Il piccolo seme

Sul terreno buono

Può aiutarci ricorrere a una parabola, uno di quei meravigliosi racconti contenuti nei *Vangeli*, con cui Gesù, il rabbi di Nazaret, mostrava ai suoi amici e amiche, e talvolta alle folle, le verità profonde nascoste sotto i piccoli fatti della vita quotidiana. Non ci sono racconti mirabolanti nelle parabole: situazioni paradossali sì, ma inserite in minimi episodi di tutti i giorni, comportamenti umani, eventi della natura. Attraverso una osservazione attenta, un lavoro profondo di simbolizzazione, un ribaltamento di prospettive ovvie ne emergono contenuti nuovi, realtà non pensate prima.

La parabola del seminatore è raccontata, in maniera non molto dissimile, in tutti e tre i *Vangeli* sinottici: Matteo, Marco e Luca. Con significato diverso, ma con immagini analoghe, essa viene ripresa anche nel *Vangelo di Giovanni*, quando si parla del chicco di grano caduto in terra che, se muore, 'dà molto frutto' (12,24).

Noi seguiremo per ora la parabola raccontata nel *Vangelo di Matteo*.

Vi si narra di un seminatore che uscì a seminare. Immagine oggi lontana, perché il braccio dell'uomo è stato sostituito dalle macchine. Ma non è difficile figurarselo. Semina con un gesto largo, lasciando cadere i semi in mezzo al campo, anche se ce n'è qualcuno che scivola ai lati della strada.

> Egli parlò loro di molte cose con parabole. E disse: Ecco, il seminatore uscì a seminare. Mentre seminava, una parte cadde lungo la strada; vennero gli uccelli e la mangiarono. Un'altra parte cadde sul terreno sassoso, dove non c'era molta terra; germogliò subito, perché il terreno non era profondo, ma quando spuntò il sole, fu bruciata e, non avendo radici, seccò. Un'altra parte cadde sui rovi, e i rovi crebbero e la soffocarono. Un'altra parte cadde sul terreno buono e diede frutto: il cento, il sessanta, il trenta per uno. Chi ha orecchi, ascolti.
> (13,3-9)

Segue un ammonimento sulla necessità di un ascolto attento e aperto, nei cui dettagli non entreremo. Ma certo la parabola implica sempre diversi livelli di ascolto. Quello più superficiale, elementare, evidente. E quello più profondo, simbolico, che però richiede altri e rinnovati scavi di significato. A noi basterà sapere che la parabola del seme, così semplice nella sua evidenza, è figura delle diverse strade che può prendere una vita, a seconda che accolga o no il seme della Parola, l'annuncio di ciò che è bene. La parabola prosegue infatti così:

> Voi dunque ascoltate la parabola del seminatore. Ogni volta che uno ascolta la parola del Regno e non la comprende, viene il Maligno e ruba ciò che è stato seminato nel suo cuore: questo è il seme seminato lungo la strada. Quello che è stato seminato sul terreno sassoso è colui che ascolta la Parola e l'accoglie subito con gioia, ma non ha in sé radici ed è incostante, sicché, appena giunge una tribolazione o una persecuzione a causa della Parola, egli subito viene meno. Quello seminato tra i rovi è colui che ascolta la Parola, ma la preoccupazione del mondo e la seduzione della ricchezza soffocano la Parola ed essa non dà frutto. Quello seminato sul terreno buono è colui che ascolta la Parola e la comprende; questi dà frutto e produce il cento, il sessanta, il trenta per uno.
> (13,18-23)

Tra i vari livelli di interpretazione ci sono quelli che concernono il regno, l'ascolto, la parola.

A noi qui interessa soprattutto il destino del seme. Il piccolo seme. Che consiste, e porta frutto, se trova accoglienza, ospitalità. Se trova terreno buono. Un seme buono – un gesto buono – è sempre una cosa piccola, minuscola, quasi insignificante. Ma può diventare grande, grandissima se in particolari circostanze – una terra fertile, ben lavorata, o bene esposta – si lascia fecondare. Bisogna però lasciare spazio all'imprevedibilità. Non avrebbe senso gettare un seme buono – compiere un gesto buono – soltanto se si conoscesse l'esito del suo tragitto. Può darsi che cada in mezzo ai rovi, o ai sassi, o su terra secca. Ma non sta a noi prevederlo. Un seme buono trova, prima o poi, la sua terra buona. E darà il dieci, il cento, il mille. Non sta a noi definirlo anticipatamente, giudicare se potrà diventare cosa grande o se rimarrà una minuscola escrescenza sul suolo.

Ci insegna anche un'altra cosa il seme buono gettato dalla mano e portato dal vento. Che nessuno può sperare, e nemmeno auspicare, che quel piccolo seme, anche se 'buono', possa salvare il mondo. Il mondo, crediamo, resterà irredento. Ma asciugare una lacrima, suscitare un sorriso, tracciare un segno di bellezza in una vita oppressa è quanto al mondo si possa desiderare per poter affermare che 'la vita non è il male'.

La bontà di tutti i giorni

L'immagine del 'piccolo seme' trova fertile terreno di coltura, in maniera a prima vista imprevedibile, in quello che consideriamo uno dei maggiori scrittori del XX secolo. Vasilij Grossman. Ma ci arriva per gradi, il grande narratore dell'epopea russa del Novecento. Anzi, potremmo dire che l'immagine del 'piccolo seme' rappresenta il punto focale di un rovello che lo accompagna tutta la vita: in che cosa consiste il bene? Ci può essere bene in questo mondo pieno di bassezza e tragedia? Che nome dare al bene?

Vasilij Grossman ha provato a dargli un nome semplice, dimesso, tanto semplice da passare quasi inosservato, coperto dalla scorza 'di tutti i giorni': è la bontà della 'gente comune', la bontà che 'ha nel cuore l'amore per gli esseri viventi, ama la vita e ne ha cura in modo naturale e spontaneo'. Essa agisce ai margini dei grandi fatti, nella penombra della storia e nel microcosmo dei cuori. E spesso è rimasta sotto la polvere sollevata dalle guerre.

Siamo dentro la spirale di *Vita e destino*, un'epopea dell'umano dalla mole grandiosa, un testo fondamentale per la conoscenza del Novecento, ma anche, più in generale, per la comprensione dell'umanità dell'uomo. *Vita e destino* è un libro 'assoluto', un racconto sterminato, quasi stordente per la sua ampiezza, un labirinto in cui ci si può anche perdere. Mille fili, mille rivoli e germinazioni narrative, un turbinio di fatti e personaggi. Un 'romanzo totale', una grande carta della vita. Tutti i sentimenti transitano nelle sue pagine fitte, e un'intera epoca, e tutto il male di cui l'uomo è capace, e tutto il bene. Una grande ricapitolazione della vita come è stata vissuta alla metà del XX secolo, la dolente esplorazione degli inferni che gli uomini hanno costruito per altri uomini.

Grossman è capace di snidare l'umano anche là dove l'umano viene perentoriamente negato, nei gulag, nei lager, nella Stalingrado assediata, o nelle fosse comuni della Galizia, che hanno ingoiato migliaia di ebrei, ancor prima che la Shoah avesse inizio. Grossman è il testimone di ogni orrore. Vede tutte le notti del secolo, e tutte le attraversa e le racconta. Ma non si arrende all'evidenza del male. Il male, dice, 'non può nulla contro la bontà'. E quanto più la bontà è fragile, tanto più è 'invincibile'.

Parole audaci, impavide. O semplicemente avventate? Intanto registriamo che un uomo come Vasilij Grossman, che ha visto tutte le atrocità accumulate nel secolo, ne ha dichiarato l'impotenza di fronte alla piccola, illogica, insensata bontà.

A sorprendere è il valore che lo scrittore attribuisce a questa 'bontà sciocca'. Perché 'sciocca'? Probabilmente perché non ponderata, istantanea, irriflessa. E tuttavia potente. Essa è in grado di mettere in scacco il male. Il piccolo Davide capace di piegare il gigante Golia. Non solo. Per Grossman la 'bontà sciocca' è 'quanto di umano c'è nell'uomo', è la fibra più intima dell'umano, una scheggia d'energia pulsante piantata nel mezzo del fluire della vita, un 'granello radioattivo sbriciolato nella vita'. Questa la sua 'potenza': far sì che il male non ricopra l'intera gamma dell'esperienza umana.

Ma attenzione. La bontà è forte finché è muta, dice Grossman. 'Finché resta nelle tenebre vive del cuore dell'uomo'. Finché non diventa la bandiera di una idea che vuole trasformarsi in realtà. La 'bontà di tutti i giorni' nasce come un piccolo seme di grano che darà il suo frutto in mezzo alle macerie e al fango, fra le macerie della storia. Un 'piccolo seme', come nella parabola evangelica. Silenzioso, inerme, imprevedibile, e tuttavia capace di dare frutto.

Per capire come agisce e si manifesta questa 'bontà sciocca', per capire come mai questa immagine diventa così centrale nel pensiero di Grossman dobbiamo sapere qualcosa di più su di lui, avvicinarci ai tratti della sua figura, per spingerci fin dentro il nucleo essenziale della sua esperienza, che si sviluppa in segmenti diversi, e non sempre lineari. Conoscerà fratture la sua vita: prima l'emarginazione, poi il successo, e di nuovo emarginazione e solitudine fino alla morte nel 1964. Conoscerà traumi: quello della morte della madre, uccisa dalle forze d'occupazione naziste in Ucraina nel 1941, insieme a più di ventimila ebrei. Un eccidio di massa.

Nel mezzo, quel libro grandioso, *Vita e destino*, cui lavorerà a più riprese, e con ferma convinzione, per dare rappresentazione al 'destino dell'umanità in questi tempi inumani'. Sperimenterà fino in fondo 'questi tempi inumani', entrando nel vortice della storia, dove impazza 'la lotta del grande male che cerca di macinare il piccolo seme dell'umanità'. Assisterà al naufragio di speranze e di individui, al suo stesso naufragio, e alla catastrofe di un'intera società divorata dall'arbitrio e dalla menzogna. Ma, giunto quasi alla fine di questo lungo e tortuoso itinerario, pronuncerà un'ultima luminosa dichiarazione in cui si proietta e si compendia tutta la sua speranza: 'La vita non è il male'.

Ecco allora la portata del bene: essere il punto di contraddizione dentro le asprezze e le crudeltà della vita. Se anche nei suoi passaggi più feroci e impietosi, nei momenti più accaniti e più furiosi, 'l'uomo serba qualcosa di umano, il male è destinato a soccombere'. Grossman è vissuto per arrivare a pronunciare queste parole. Esse brillano come piccole perle poggiate sul fondo fangoso della sua storia, e della nostra. 'Non c'è nulla di più bello al mondo del cuore vivo di un uomo'.

La viltà del caviale nero

Nella Russia sovietica, prima di cadere in disgrazia, Vasilij Grossman è uno scrittore affermato, uno scrittore di regime, si potrebbe quasi dire, blandito dal potere staliniano. A partire dalla fine degli anni Trenta, dopo il 'Grande terrore', fra il 1937 e il 1938, il regime ha eliminato tutti i comprimari e gli antagonisti. Stalin non ha più rivali. Ora lo Stato è lui, è lui la fonte di ogni decisione. Cancellata l'opposizione, Stalin può applicarsi alla costruzione del suo mito di Padre della patria e garante del bene sociale. Non è più un uomo, si prepara a diventare il mausoleo di se stesso.

Per un po' Grossman ha 'camminato su una fune' muovendosi ai margini della società letteraria. La guerra cambia tutto. I suoi racconti dei giorni eroici della difesa di Stalingrado lo fanno conoscere e apprezzare da un vasto pubblico, che segue con trepidazione l'andamento del conflitto. Stalingrado è uno spartiacque: per l'Unione Sovietica, che nella città assediata si gioca la propria sopravvivenza; ma anche per lo scrittore Vasilij Grossman. L'outsider Grossman, l'ebreo ucraino Grossman, comincia a suscitare interesse. Tutto ciò che scrive, durante e appena dopo la guerra, ha un'immediata risonanza. L'intonazione epica dei suoi resoconti tocca il cuore dei lettori sovietici. Per effetto della guerra, Grossman diventa uno scrittore apprezzato dal regime, anche se non è certamente l'amplificatore delle sue gesta. Ma risulta gradito, almeno per il momento, agli amministratori delle lettere sovietiche, che riconoscono in lui il cantore più accreditato della 'guerra patriottica'. Non durerà molto. Il patrimonio di consenso accumulato negli anni del conflitto si esaurirà presto.

Dopo Stalingrado, al seguito dell'Armata rossa, Grossman entra nel campo nazista di Treblinka, e descrive quello che resta di quell'inferno.

L'efficacia dei suoi resoconti verrà messa a frutto dal regime con una semplice equazione: da una parte c'è l'inferno dei lager, il 'grande nemico', il male perfettamente incarnato nel nazismo e nel suo disastro, la morte che volteggia su Treblinka e sugli altri campi, le ceneri fumanti delle macerie di Berlino, e un potere che voleva soggiogare il mondo ed è crollato sulla sua stessa follia; dall'altra, all'opposto, il fervore vitale di un paradiso in costruzione, una società che si vuole amica degli uomini, e un 'piccolo Padre' dedito al bene universale, e al bene particolare dei suoi figli sudditi. Per dar forma e consistenza duratura a questo 'paradiso', dovrà iniettare terrore nel corpo della società sovietica già provato, inventerà una nuova Inquisizione ispirata a un luminoso principio: 'Se si è incolpati di qualcosa è perché qualcosa si è fatto'. Così tutte le manifestazioni della vita, e tutte le vite, cadranno sotto il controllo dello Stato, saranno spiate nell'intimità dell'anima, confinate nelle zone più impervie e inaccessibili del Paese, dentro centinaia di chilometri di filo spinato (oltre quattrocento i gulag attivi), infine cancellate, a milioni. E dunque nel nuovo 'paradiso' ci si fa beffa non solo della libertà, ma della vita stessa.

Sarà poco alla volta che Grossman comincerà a dare ascolto ai suoi dubbi, a sospettare che la libertà non faccia parte del destino del popolo russo, a temere che la 'schiavitù' sia una sua radice fonda e inestirpabile. Schiavitù e obbedienza per sempre.

Il tema del rapporto fra schiavitù e libertà è al

centro di *Tutto scorre*, l'altro romanzo, l'ultimo, che s'intreccia con la stesura di *Vita e destino*. Meno grandioso nel suo disegno, è comunque un libro di verità, un'affilatissima lama conficcata nella carne della società sovietica dopo la morte di Stalin. Grossman è ormai uscito dall'ipnosi collettiva, e si è messo alle spalle il sistema di privilegi di cui aveva goduto nel dopoguerra, con le piccole viltà che esso comportava. Un accumulo di codardia, certamente alimentata dalla paura dell'internamento, ma non soltanto: c'è anche semplicemente il timore di perdere i vantaggi precipitando nella scala sociale. Il caviale nero per esempio, conforto per pochi, delizia a uso delle élite del socialismo realizzato. Il caviale nero voleva dire avere un posto in società, essere qualcuno. Quelli del caviale rosso erano destinati ad annaspare, navigando a vista nella terra di nessuno della mediocrità sociale. Il caviale nero richiedeva un'intima relazione con il potere, uno stato fusionale. Aveva come prezzo l''abietta sottomissione': mettere a tacere gli scricchiolii della coscienza, chiudere gli occhi, pensare che l'Unione Sovietica, e il suo capo, fossero forze del Bene che presto si sarebbe affermato nel mondo intero come un verbo luminoso. Doveva essere esaltante sentirsi al servizio di questa causa, parte viva di una marcia trionfale. O illudersi di esserlo.

Ubriacato dal credere comune, stordito dall'‘entusiasmo meccanizzato’, Grossman era vissuto per anni prigioniero di una menzogna. L'aveva accettata, perché era più facile accettarla, e dopotutto anche conveniente. Non dirà molto quando nel 1933 verrà arrestata la cugina Nadja, cui lo scrittore era legato, accusata di trotzkismo, un capo d'imputazione assai diffuso all'epoca. Poi vedrà arrestare amici e parenti, e alcuni finiranno nei campi. Solo nel giugno del 1938, quando il turbine del ‘Grande terrore’ arriverà a toccarlo più da vicino, solo allora si deciderà a scrivere al Commissario del popolo per gli Affari Interni, Nikolaj Ežov, chiedendo la liberazione della moglie, arrestata qualche mese prima. Ma sono gesti ancora tiepidi, quasi impacciati.

Il grande Bene può uccidere

Passano gli anni, si diradano ‘la nebbia e la polvere che impedivano di vedere’. Le certezze allora cominciano a franare. E su un vasto fronte. Prima piccoli cedimenti, poi con l'incalzare dei dubbi, sotto i loro colpi, vengono giù i muri di sostegno. Così il vasto edificio di ciò in cui Vasilij Grossman aveva creduto fino a quel momento prende a sgretolarsi. E sbriciolandosi fa rumore, perché a schiantarsi al suolo non è una piccola architettura, ma l'imponente costruzione di 'un'idea bella e grande', l'idea del 'bene sociale'. Nulla resterà in piedi agli occhi di Vasilij Grossman. Dopo aver visto i contadini e i loro figli morire di fame, o tra le nevi della Siberia, dopo aver visto le tradotte che da Mosca, Leningrado e altre città della Russia portavano in Siberia centinaia di migliaia di uomini e donne, nemici della grande, luminosa idea del Bene sociale, si convince che le grandi idee possono uccidere senza pietà, rovinare le vite di molti, lacerare famiglie, spezzare la dignità degli esseri umani.

Nasce qui, da questo sguardo che non ha più riparo, la critica al grande Bene. Qui comincia la ricerca del 'piccolo bene'.

Quando dunque si dissolve la nebbia che aveva nascosto il profilo delle cose, quello che si arriva a vedere distintamente è una intera nazione affondata nella paura e nutrita di menzogna. La paura scoppia nei cuori. Non si arriva a contenerla. Si gonfia e si dilata nei corpi e nelle menti, contagia la volontà e il pensiero. Ma non riesce più ad appannare gli occhi di Grossman. Ora che si sono aperti, lacerano ogni oscurità. Vogliono vedere, e fino in fondo. Ci sono pagine in *Vita e destino*, in *Tutto scorre*, tese e martellanti come un verdetto. Passano al setaccio la storia della Russia, e non giudicano soltanto i suoi esiti più infami, la 'nera fossa' del 1937-1938, l'epoca tremenda dei processi e delle 'purghe', l'aritmetica della morte con le 'quote' dei detenuti da fucilare fissate dalla burocrazia ministeriale. Grossman guarda a tutta la parabola della storia russa. E non si fa irretire dal sistema generale della menzogna, il viscido fango in cui un'intera società si muove, né dal rumore di fondo, dal nastro ininterrotto della propaganda. Non teme neppure i colpi di scure della censura, che pure lo ridurranno allo stato di un 'sepolto vivo'. Non è più disposto a cedere. Lotta come può, e finché può.

Il tempo dell''abietta sottomissione' è finito per Grossman. Consumate le piccole strategie dei compromessi, degli aggiustamenti, degli espedienti per sopravvivere. Ha cominciato a vedere e a capire: la grande idea di Bene, i grandi disegni perseguiti dal potere, pur esaltando libertà ed eguaglianza, realizzano oppressione e terrore. Quel Bene si sviluppa attraverso i vagoni piombati e le deportazioni di massa. Il 'Grande Inquisitore' sovietico è ingordo: non solo sequestra il più piccolo sussulto di libertà, ma arriva a confiscare ogni manifestazione di vita. Come un tritacarne insaziabile, il grande Bene macina vite. Perseguita, incarcera, uccide. Travolge tutto ciò che gli si oppone.

Ora però trova in Vasilij Grossman, quello che era stato un figlio prediletto, un giudice irremovibile. Il suo sguardo si è fatto duro e impietoso.

Dal silenzio di Berdičev

Sarà Berdičev lo spartiacque tra le mezze verità e una verità che non ha più maschere. Quando, lasciatosi alle spalle Stalingrado, Grossman segue l'avanzata delle armate sovietiche verso la Germania, attraversa l'Ucraina, passando per Kiev, la capitale, e Berdičev, la cittadina dove ha le sue radici familiari. Sarà qualcosa di più di una semplice deviazione. Facendo tappa in Ucraina, va incontro a una tragedia che non si aspettava di dover vivere: il silenzio di un intero popolo, il suo. L'ebreo Grossman, nato in una terra segnata dalla presenza ebraica, deve dolorosamente constatare che in Ucraina non ci sono più ebrei: 'Non ci sono più ebrei in Ucraina. Da nessuna parte [...] in nessuna città, nelle centinaia di paesi, o nelle migliaia di villaggi non troverete gli occhi neri e pieni di lacrime delle bambine; non sentirete la voce di una donna anziana; non vedrete il volto scuro di un bambino affamato. Tutto è silenzio. Un intero popolo è stato assassinato'.

Se si pensa che la comunità ebraica di Berdičev era circa la metà dell'intera popolazione, si può capire quali fossero le dimensioni di quel silenzio. Ma la tragedia è amplificata da un'altra verità che emerge inconfutabile: la vasta complicità, emersa dalle testimonianze, della polizia e della popolazione ucraine che hanno operato a fianco degli occupanti nazisti per facilitare il loro compito. Presenti negli arresti, nei rastrellamenti, attivi nelle deportazioni, e spesso anche, come demoni custodi, ai bordi delle fosse comuni. Quello che viene alla luce, ma che il regime non vuol sentire, è l'antisemitismo diffuso che ha collaborato alla distruzione degli ebrei d'Ucraina.

Vasilij Grossman non amava Berdičev, la sua città natale. Dalle sue origini, dalla comunità da cui pure proveniva, si era sempre tenuto a distanza. Ed era una distanza che prendeva talvolta toni sprezzanti. Dai tempi dei suoi studi a Mosca tornare a Berdičev, anche soltanto per le vacanze, gli costava fatica. Ed era in qualche modo contrariato dal fatto che la sua amatissima madre vivesse ancora in quel 'terribile ambiente'. Non si sentiva figlio di quella misera terra. Aveva fatto di tutto per venirne via, e per nessuna ragione al mondo sarebbe tornato indietro.

Ma nel gennaio del 1944, quando si sposta da Kiev a Berdičev, questa somma di sentimenti negativi svanisce nella massa del *silenzio* che opprime l'Ucraina da poco liberata. Ora Grossman procede seguendo le 'tracce del male'. E ne è stordito. 'Ovunque soltanto morte e tombe' riferisce alla moglie. La terra che attraversa è rigonfia di poveri cadaveri abbandonati.

Non arriverà a smaltire questo dolore, e mai lo supererà. Solo sei anni dopo aver saputo della morte di sua madre, lo scrittore riesce a ricostruire il profilo del suo legame. Lo fa in un modo che può apparire singolare, scrivendo, nel 1950, una lettera alla madre morta ormai da nove anni, come se in tutto quel tempo non fosse mai riuscito a parlarne, perché quello che sentiva era così forte da non poter stare dentro le parole. Quando i sentimenti sono troppo forti, le parole allora paiono inadeguate.

> Non ti ho dimenticata e non sono stato capace di guarire dalla tua perdita. Il tempo non ha alleviato il dolore. [...] Oggi ti penso proprio come se fossi viva, viva come quando ci siamo visti per l'ultima volta e come quando da piccolo

> ti ascoltavo mentre leggevi ad alta voce. Il mio dolore è tanto grande oggi quanto il giorno in cui quel vicino di via Uciliscnaja mi disse che eri morta e che non c'era più nessuna speranza di trovarti viva. E sento che il mio amore per te e questa terribile agonia sono ancora oggi uguali e rimarranno con me fino alla fine dei miei giorni.

Esattamente così andranno le cose. Alla madre, sprofondata nelle fosse di Berdičev, Ekaterina Savel'evna, il suo figlio devoto, ancora ferito dal dolore, dedicherà *Vita e destino*. Un libro che non riuscirà a dare alle stampe. Nel febbraio del 1961 se ne occuperà, con la consueta solerzia, il KGB, sequestrando non soltanto il manoscritto del romanzo, ma anche le sue minute, e persino i fogli della carta carbone su cui era stato battuto.

Grossman proverà a scuotere le pareti di questo silenzio. Quel libro è la sua vita. Le ottocento pagine del suo romanzo, e tutto quello che ci passa dentro, gli chiedono di vivere, e di parlare per tutti 'quelli che giacciono sottoterra'.

Anche questo è il bene. Farsi eco della voce di quelli che l'hanno perduta per sempre. Quel libro potrà uscire dai cassetti del regime in cui era stato richiuso per decreto di Michail Suslov, l'ideologo del partito, solo molti anni dopo. Arrivato fortunosamente all'estero, fu pubblicato per la prima volta a Losanna nel 1980. Il suo autore era morto nel 1964, e non lo seppe mai.

Un mulo e un viaggio

Se ci siamo soffermati così a lungo sulla vita dello scrittore Vasilij Grossman è solo per capire come si può restare umani in 'tempi inumani'. Grossman ci è venuto incontro lungo il filo delle domande che stanno al centro dell'attenzione di questo libro: come si presenta il bene al tempo del male? Come gli sta di fronte? Quali ostacoli deve superare? Come farlo emergere? Grossman ci ha aiutati se non a rispondere, almeno a sostenere queste domande e a non lasciarle cadere nelle aspre difficoltà dell'oggi. Con lui, abbiamo lambito quella 'bontà sciocca', che non è una semplice espressione dell'umano, ma è la sua stessa essenza. Grossman ne ha inseguito le forme sfuggenti, affinando via via la sua capacità di comprendere 'le inestinguibili stelle della ragione, del bene, dell'umanitarismo'. Quel bene che Grossman ha incontrato fra la gente comune pian piano ha dovuto elaborarlo dentro di sé. Lo aveva già incontrato a Stalingrado:

> La bontà della vecchia che porta un pezzo di pane a un prigioniero, la bontà del soldato che fa bere dalla sua borraccia un nemico ferito, la bontà della gioventù che ha pietà della vecchiaia, la bontà del contadino che nasconde un vecchio ebreo nel fienile. La bontà delle guardie che, a rischio della propria libertà, fanno avere a mogli e madri – non ai loro sodali, questo no – le lettere dei prigionieri. È la bontà dell'uomo per l'altro uomo, una bontà senza testimoni, piccola, senza grandi teorie. La bontà illogica potremmo chiamarla. La bontà degli uomini al di là del bene religioso e sociale.

Poi, mentre si avvicina la morte, negli anni tra il 1961 e il 1963, scrive alcuni racconti, in cui la voce della tenerezza e del bene assume uno strano timbro. Per toccare il bene nascosto nel cuore, Grossman si rivolge agli animali: un mulo, una cagnetta, una pecora. E ai volti semplici e buoni di gente del popolo incontrata durante un viaggio in Armenia. A loro spetta il compito di rivelare l'umano.

In un racconto intitolato *La strada* il mulo Giu, schiacciato dalla fatica e mortificato dall'indifferenza, avverte la presenza di chi gli sta accanto, una cavalla dagli occhi velati di tristezza, sente il tepore che il suo corpo emana. In quel calore, 'che sapeva di fieno umido e dolce', la fatica e la durezza si stemperano, il peso della vita si fa più tenue.

> La vita del mulo Giu e il destino della cavalla di Vologda si erano contagiati a vicenda con il tepore del fiato, con la stanchezza degli occhi, e uno strano incanto si era prodotto in quei due esseri fiduciosi e teneri che stavano l'uno accanto all'altra nella pianura spazzata dalla guerra sotto un grigio cielo invernale.

Il mulo Giu, offeso e stremato dalla crudeltà del mondo, sente che nella vicinanza vi è qualcosa che salva. 'In quel mare d'indifferenza universale si era formata una piccola fenditura, una piccola crepa'.

Ancora il 'piccolo seme' della bontà, misteriosa, discontinua corrente della vita, che Grossman continuerà a cercare fino al momento in cui chiuderà gli occhi. Con convinta ostinazione. Questo è l'asse attorno a cui ruotano i suoi ultimi pensieri. 'La bontà autentica [...] sta dove c'è un cuore buono' scrive ne *Il bene sia con voi!*, lungo resoconto del suo viaggio in Armenia, nel 1961, l'ultimo prima della morte.

'Il bene sia con voi!' è il saluto in uso fra gli armeni. Ma è anche il saluto dello scrittore Grossman, il suo addio ai lettori, un ultimo struggente sguardo sul mondo. Una sorta di purificazione. Non perché in Armenia Grossman abbia trovato soltanto esseri umani non toccati da miserie, da inerzie, da angustie che possono strangolare l'anima. Ma ha trovato una 'forza' capace di far nascere il grano e l'uva in mezzo a un terreno secco, arido, roccioso, capace di far fiorire la vita da una 'steppa di pietra'.

Il suo maggior piacere era fissare i volti e, nei volti, gli occhi, specchio e scrigno del più intimo sentire: 'Era un piacere immenso osservare quei volti; sembrava che la luce dolce, gentile, non venisse dalle candele, ma dagli occhi delle persone. E quanta bontà, quanta purezza, quanta allegria e quanto dolore in quegli occhi! I vecchi accompagnavano la vita che se ne andava. Gli occhi furbi delle vecchie ti guardavano allegri e baldanzosi. Gli occhi delle giovani erano pieni di un fascino timido'. Il fascino degli uomini giusti. Che praticano la giustizia senza saperlo.

Trentasei giusti per salvare il mondo

Secondo una leggenda della tradizione talmudica ci sono al mondo trentasei uomini giusti, che esercitano la giustizia senza nemmeno saperlo, in una sorta di appartata clandestinità, nel silenzio, in umiltà. Mai manifestano la loro identità, e forse neppure la conoscono. Semplici artigiani, portatori d'acqua, modesti lavoratori, nessuno sa nulla dell'altro. E forse neppure di se stessi. La leggenda dice che è in virtù del loro cuore che il Signore salva il mondo. Il mondo resta appeso al filo della loro giustizia.

'Quando il giusto viene al mondo, il bene pure viene al mondo e la sventura è scacciata, ma quando il giusto se ne va, è catastrofe e il bene lascia questo mondo' (*Tosefta*, Sofa 10,1).

Jorge Luis Borges dà uno sviluppo singolare alla leggenda talmudica dei trentasei giusti, la cui nascosta giustizia è destinata a salvare il mondo.

Chi è il giusto?, si chiede Borges. Queste sono alcune delle sue sorprendenti risposte:

> Un uomo che coltiva il suo giardino, come chiedeva Voltaire.
> Quello che gradisce che sulla terra ci sia musica.
> Quello che scopre con piacere un'etimologia.
> Due impiegati che in un caffè del Sud giocano una silenziosa partita a scacchi.

L'elenco è lungo. Se ne conclude che i giusti, ben più di trentasei, come fissava la leggenda, sono un grande silenzioso esercito che, in un angolo recondito, forse in un giardino o un bar di Buenos Aires o un *bistrot* parigino, sottraggono al male qualche piccolo pezzo di mondo. Non più di tanto, solo frammenti, schegge, briciole d'esistenza, e senza farsene accorgere, con aria quasi distratta.

Alla domanda 'chi è il giusto?' non c'è una sola risposta, ma tutte le eccentriche risposte di Borges, e altre ancora. Il giusto è:

> Quello che accarezza un animale addormentato.
> Quello che giustifica o vuole giustificare un male che gli hanno fatto.
> Quello che gradisce che sulla terra ci sia Stevenson.
> Quello che preferisce che abbiano ragione gli altri.
> Queste persone che s'ignorano stanno salvando il mondo.

Non si può non notare che il catalogo di Borges non solo amplia il numero dei giusti, ma allarga la sfera del bene, che è ben più esteso di quello che normalmente pensiamo. È bene coltivare il proprio giardino, è bene gradire che sulla terra ci sia musica o si possa leggere Stevenson, ed è bene, dice ancora Borges, che un uomo e una donna leggano le terzine di un 'certo canto'.

Che cosa vuol dire? Che anche la bellezza è bene, e come il bene è fragile, ed è vulnerabile come tutte le cose di questo mondo. La bellezza è bene, e il bene è bellezza, da contemplare come si contempla un quadro, come un'opera d'arte, o come il sole nascente o una luna calante.

Al protagonista dell'*Idiota* di Fëdor Dostoevskij, il principe Myškin, viene attribuita un'affermazione che, nel tempo, è diventata proverbiale: 'La bellezza salverà il mondo'. In un'altra traduzione, la frase pronunciata dal principe suona del tutto diversamente, quasi rovesciata: 'Il mondo salverà la bellezza'.

Forse non sarà la bellezza a salvare il mondo, né il mondo a salvare la bellezza. Possiamo però, umanamente, provare a raccogliere quell'istante di enigmatica fascinazione che ci proviene da un raggio di sole al tramonto, o da una bolla di silenzio in un bosco, o dall'espressione rapita di un bambino intento a qualcosa che solo lui sa, o da una melodia magistralmente eseguita, o da un dipinto che ci cattura con la perfetta espressività della sua forma. Possiamo dunque provare a custodire la bellezza precaria e la felicità di questi istanti. Anche la bellezza e la felicità possono fare da argine al male, e anche la bellezza e la felicità possono essere parte del bene che stiamo cercando di portare alla luce.

Quando nel febbraio del 1956, in una Algeri colma di odio e di violenza, provata da attentati e rappresaglie, fu rappresentato *Il flauto magico*, qualcuno gridò allo scandalo e al cattivo gusto, ritenendo che la musica di Mozart non fosse adeguata alla gravità della situazione. Una sola voce difese l'importanza dell'iniziativa, ma una voce assolutamente autorevole, quella di Albert Camus, che nel 1956 era già uno scrittore affermato (vincerà l'anno successivo il Premio Nobel per la Letteratura). 'È giusto' dirà intervenendo nella discussione. 'Quando il mondo si ripiega su se stesso, quando le strutture della civiltà vacillano, è bene tornare su ciò che nella storia, non si piega, ma, al contrario, rimette insieme quelli che sono separati, pacifica senza fare stragi. È bene richiamare alla mente che il genio della creazione, anche lui, è all'opera in una storia votata alla distruzione'.

Custodire il senso della bellezza e della felicità, e comunicarlo a chi ne risulta privo, anche questo è un 'piccolo seme' da diffondere, l'effimero germoglio che i 'giusti' di Borges hanno coltivato quasi clandestinamente. Senza farsene accorgere.

Un pezzetto di cielo

Precaria quanto il bene, ma quanto il bene folgorante e immensa, la bellezza fatica a essere espressa da un concetto, come se resistesse a una definizione unitaria. E tuttavia, come il bene, è nella vita degli uomini, con una presenza forse intermittente, ma irriducibile. Si manifesta in un sentimento di gratitudine, di stordimento, di annichilimento della persona di fronte allo spettacolare dispiegarsi di armonie inattese, oppure in una emozione di tenerezza, quasi di compassione per una brezza nascosta che si può cogliere in un volto, per il rossore cangiante di una brace che arde sotto la cenere, per una gemma che si apre in mezzo a un strada ricoperta di asfalto. È singolare come anche nelle situazioni di maggiori costrizioni, nelle tragedie che funestano il mondo, ci siano esseri umani capaci di accorgersi della bellezza di un frammento di cielo, della bontà insita in un essere umano.

> In una vita c'è posto per tutto: per una fede in Dio e per una fine miseranda. Io posso essere accanto ai moribondi, agli affamati, ai maltrattati, ma posso anche essere vicina al gelsomino e a quel pezzo di cielo dietro le mie finestre.

Così scriveva Etty Hillesum, il 3 luglio 1942, in una lettera del suo *Diario*, in una Amsterdam occupata dai nazisti, e poco prima del suo internamento 'volontario' al campo di smistamento di Westerbork. Da lì venne deportata ad Auschwitz con la sua famiglia, dove morì il 30 novembre

1943. Etty Hillesum è una giovane donna – non le fu dato il tempo di diventare la scrittrice che avrebbe voluto – la cui esistenza si è smisuratamente estesa dalla piccola scrivania accanto alla finestra della sua stanza che dava sulla piazza del Rijksmuseum, dove ogni giorno cercava per sopravvivere 'almeno un paio di parole' nei suoi amati poeti, fin dentro le pieghe della più grande tragedia storica del Novecento.

'Se dico che stanotte sono stata all'inferno, che cosa potete capirne voi?' scrive agli amici di Amsterdam da dentro il campo di transito di Westerbork, dove ogni lunedì arrivava un treno vuoto che ripartiva il mattino seguente carico di donne, uomini, vecchi, bambini destinati allo sterminio. E tuttavia in quel lungo tragitto dal suo tavolo di studio ('il più bel posto di questa terra') alla storia, Etty non solo non smarrisce se stessa, ma non smarrisce la libertà di continuare ad amare gli esseri umani e di continuare ad assaporare la bellezza del mondo. Mantiene intatta 'la coscienza che, in ultima istanza, non ci possono togliere nulla. Che esisterà pur sempre un pezzetto di cielo da poter guardare, e abbastanza spazio dentro ciascuno di noi per poter congiungere le mani in una preghiera'.

Molti pensieri di resistenza al male e cedevolezza alla vita, se così si può dire, ci ha lasciato Etty Hillesum in quel denso *Diario* che va dal 1941 al 1943, e in quella manciata di *Lettere* che in parte lo sostituirono durante la sua 'volontaria' reclusione. Ma forse ciò che ci rimane di più prezioso di questa vita strappata, come di tante altre vite strappate, è la considerazione che anche nelle situazioni più disperate è possibile rinvenire, da qualche parte, una forza capace almeno di rovesciarne il senso.

'Ho il dovere di vivere nel modo migliore, e con la massima convinzione, fino all'ultimo respiro. Allora chi verrà dopo di me non dovrà più cominciare da capo e con fatica'.

Etty sa amare la vita, e trovarvi bellezza, anche nelle situazioni più intollerabili, non perché sia un'anima bella, ma perché sa che 'tutto fa parte di questo mondo: una poesia di Rilke come un ragazzo che cade dall'aeroplano'. Vengono in mente le parole di Dietrich Bonhoeffer, il pastore luterano che fu prima imprigionato nel carcere di Tegel a Berlino, e poi ucciso dai nazisti in fuga, pochi giorni prima della resa, per aver partecipato a una delle fallite congiure contro Hitler: 'Meravigliosamente custoditi da forze che vegliano per il nostro bene / attendiamo senza timore l'avvenire. / Dio è accanto a noi sera e mattina / e lo sarà fino all'ultimo giorno'.

Forse di Etty Hillesum possiamo anche custodire un sentimento non svilito della fede, in cui libertà e sottomissione riescono a fondersi insieme in una dialettica forte e audace. Bisogna 'sopportare i misteri di Dio' dice Etty, e solo sopportandoli, senza presumere di possederne le chiavi, si può anche sperare di 'aiutare Dio', quando Dio non sembra più in grado, neppure ai credenti, di far fonte alla malvagità degli esseri umani.

Ma, infine, da Etty potremo anche imparare che la vita non va conservata, ma spesa 'a ogni costo'. E che solo spendendola, come è detto nei *Vangeli*, la si può salvare. Per questo la parola fondamentale sotto la quale si può leggere il senso dell'esistenza e del destino di Etty Hillesum è forse quell''ardore elementare' in cui consiste lo slancio verso il prossimo, che arriva a superare le barriere dell'egoismo, o dell'indifferenza. Ma un ardore, appunto, 'elementare': non tronfio, non vistoso, non glorioso.

Una rosa per il bene comune

È dunque un eroismo nascosto, o quotidiano, a 'salvare' il mondo, a frenarne l'azione distruttiva. Piccole frazioni d'umanità, 'piccoli semi' buttati qua e là sulla superficie della terra impediscono che il mondo possa precipitare nella barbarie. Non nel senso che siano in grado di eliminarla. I ‘piccoli semi’ non hanno questo potere. Possono però preservare le radici dell’umano, mentre si fa intorno terra bruciata.

Bellezza. Amore. Compassione. Coscienza. Coraggio. Fratellanza. Giustizia. Pace. Preghiera. Libertà. Parole comuni, ma che risuonano nelle conversazioni appassionate e febbrili, come lo possono essere quelle dei giovani, di un gruppo di ragazzi e ragazze di Monaco di Baviera, la città da cui il nazionalsocialismo aveva preso avvio. Fra il 1942 e il 1943 la guerra, in Africa e sul Fronte orientale, è a un suo punto cruciale, la deportazione degli ebrei e degli oppositori è in pieno corso. Non manca poi molto al collasso, appena due anni, ma sarà un tempo durissimo. I segni del crollo del regime cominciano a manifestarsi, ma le maglie del potere sono ancora strette, ed è ben saldo il controllo sulla società tedesca. Un gruppetto di studenti universitari fra i ventuno e i venticinque anni, si mette a nuotare pericolosamente controcorrente. Hans Scholl, Sophie Scholl, Willi Graf, Alexander Schmorell, Christoph Probst, qualcun altro. Di diversa provenienza religiosa, inizialmente avevano creduto nella promessa di rigenerazione sociale del nazismo. Alcuni di loro si erano anche impegnati nella gioventù hitleriana, sedotti dall'idealità con cui il regime si mascherava. Ma Hans e Sophie Scholl, e i loro amici, capiscono presto che di altro si tratta. Cominciano allora a denunciare la 'violenza ingannatrice' che tiene in scacco il Paese. Non hanno mezzi termini i ragazzi della 'Rosa bianca' (questo è il nome del loro gruppo). La loro ispirazione è non-violenta, ma le parole sono dure, e dure le immagini evocate.

'Bisogna avere uno spirito rigoroso e un cuore tenero' scrive Sophie Scholl, la più giovane del gruppo, volto morbido, sguardo teso e fiammeggiante, riprendendo le parole del filosofo cattolico Jacques Maritain. Parlano di 'cancro ulcerato' che ha infettato la società tedesca e del 'sonno mortale' in cui sembra sprofondata, invitano alla 'resistenza passiva', prospettano il sabotaggio dell'industria bellica, ma anche di quella culturale, che veicola il morbo della propaganda. 'Il giorno della resa dei conti è venuto, la resa dei conti della gioventù tedesca con la più abominevole tirannia che il nostro popolo abbia mai sopportato'.

Mettendosi sulla scia del seminatore del racconto evangelico, i ragazzi della Rosa bianca spargevano come 'semi' le loro gravi parole. Non sapevano chi le avrebbe raccolte, ma sapevano che lo dovevano fare. Parlare e scrivere, e ancor prima pensare, era l'inizio del 'risveglio' che auspicavano. Un atto di 'resistenza' alla catastrofe che sentivano incombere. I loro volantini – pochi, sei in tutto – inneggiavano alla 'libertà' intesa non come semplice libertà politica o rivendicazione di diritti calpestati, ma 'come il respiro stesso dell'uomo', il suo 'bene supremo che lo eleva al di sopra di ogni creatura'. '*Freiheit*', 'libertà', scriveranno sui muri della loro città, poco prima di essere arrestati. E Hans Scholl, il fratello maggiore di Sophie, morirà gridando: «Libertà». Questo era il bene che il gruppo dei ragazzi e ragazze della Rosa bianca, accompagnati dal loro professore, Kurt Huber, anche lui condannato a morte dopo quattro mesi di reclusione, volevano per il loro Paese. Un gruppo di ragazzi, e un uomo, che, a mani nude, si mettono contro la colossale macchina dello stato nazista sfidandola. Parole e pensieri di 'libertà' sparsi nell'aria inquinata di un totalitarismo ormai in via di putrefazione.

Al fondo di ognuno dei volantini, queste parole: 'Vi preghiamo di ciclostilare questo foglio nel maggior numero possibile di copie e di diffonderle'.

Può apparire un'aspettativa ingenua, illusoria. Come si può pensare di demolire, con dei volantini, il muro contro cui il nazismo sta schiacciando la Germania? E come spezzare quella spirale mortifera di violenza e di follia che risucchia anche i cuori?

'Noi non stiamo zitti, noi siamo la vostra cattiva coscienza' dice la Rosa bianca. La sua azione prende di mira le coscienze, nutrendo la speranza che all'infezione del 'cancro' nazista possa fare seguito, attraverso la contaminazione delle parole, il contagio delle libere coscienze. Con queste motivazioni e questa idealità, quei ragazzi vanno incontro alla morte.

Sophie Scholl, dall'apparenza fragile, ma d'indomito coraggio, sosterrà per quattro giorni la tortura, e fronteggerà i giudici nel corso del fulmineo, sbrigativo processo. Appena qualche ora. Subito dopo, in tutta fretta, l'esecuzione della sentenza, il 18 febbraio del 1943. È la giustizia spiccia del *Volksgerichtshof*, il tribunale del popolo voluto da Hitler che conta al suo attivo oltre cinquemila sentenze di morte.

Sophie Scholl viene arrestata dopo l'ultimo volantinaggio. Alla 'luce del sole', contrariamente a tutti i precedenti. Non solo: per dar fondo ai volantini che le sono rimasti, Sophie raggiunge il piano più alto dell'edificio dell'università, e di lì li fa volare tutti nell'atrio. Ovviamente, non passa inosservata. «Un atto di 'spavalderia' o di 'stupidità'» dichiarerà, con giudizio impietoso, durante il suo interrogatorio. Noi vogliamo pensare che sia stato piuttosto un gesto di libertà e di sfida, quasi uno sfregio «all'ordine perfetto dell'università amministrata da un rettore che è anche ufficiale delle SS».

Con la loro vita, con la morte di alcuni di loro, i ragazzi e le ragazze della Rosa bianca – che nel frattempo crescevano e studiavano, amavano e imparavano, godevano della bellezza, della natura e delle conoscenze via via acquisite – hanno salvato un pezzetto dell'intera umanità dell'uomo che stava andando a picco sotto il peso di morte del nazismo.

Non cade lontano da questi pensieri una annotazione di Etty Hillesum, giovane anche lei, come lo erano i ragazzi della Rosa bianca, e troppo presto stritolata dalla macina del secolo: 'Noi non dobbiamo accettare di essere trascinati in questo gorgo di insensatezza, ma dobbiamo ribadire la nostra forza di esseri umani: anche se i singoli scompariranno, bisogna trasmettere il senso della forza dell'umanità'. E ancora, in uno slancio profetico:

> Se non sapremo offrire al mondo impoverito del dopoguerra nient'altro che i nostri corpi salvati ad ogni costo – e non un nuovo senso delle cose, attinto dai pozzi più profondi della nostra mise-

> ria e disperazione – allora non basterà. Dai campi stessi dovranno irraggiarsi nuovi pensieri, nuove conoscenze dovranno portar chiarezza oltre i recinti di filo spinato, e congiungersi con quelle che là fuori ci si deve ora conquistare con altrettanta pena, e in circostanze che diventeranno quasi altrettanto difficili. E forse allora, sulla base di una comune e onesta ricerca di chiarezza su questi oscuri avvenimenti, la vita sbandata potrà di nuovo fare un cauto passo avanti.

Un cauto passo verso l'umanità.

Animali e no

L'umanità. E come chiamare invece il complesso processo di sottrazione e privazione di umanità che individui, imperi, poteri, regimi hanno imposto a singoli soggetti o a gruppi sociali o a popoli?

Una psicologa sociale, Chiara Volpato, ha proposto all'attenzione di chi vuole riflettere su questi snodi della storia la parola *deumanizzazione*. Come accade che alcuni individui tolgano umanità ad altri individui? Come si cancella la lenta stratificazione dell'umano? Come si travalica il suo confine? Ma anche: come si arriva a legittimare un atto di violenza estrema nei confronti di altri, l'omicidio di massa, il genocidio, o più semplicemente la discriminazione sociale?

Accade attraverso una progressiva e incalzante deumanizzazione: si comincia con il privare l'altro della sua umanità, poi lo si tratteggia come essere inferiore, e, negli episodi più gravi, come un sotto-uomo, o addirittura come un animale. Giunti a questo punto ci si può sentire autorizzati a esercitare quella violenza, che agli inizi sembrava inammissibile, perché chi si ha di fronte è stato spinto fuori dal cerchio dell'umano. Allora se ne può disporre, e infrangere i confini del suo corpo e della sua identità.

Prima del loro sterminio, e per un lungo periodo, gli ebrei sono stati rappresentati dalla propaganda nazista come topi repellenti che infestavano l'Europa. È certamente più facile eliminare un topo piuttosto che un uomo.

Cinquanta anni dopo, in Ruanda, fra l'aprile e il luglio del 1994, in cento giorni verrà sterminato un milione di persone, o di 'scarafaggi'. Perché così l''etnia' hutu definiva quella dei tutsi: '*inyenzi*', 'scarafaggi'.

Useranno preferibilmente il machete e i bastoni chiodati. Non vale la pena, diceva la martellante propaganda hutu, che incitava alla strage attraverso una emittente radio dal nome poetico, 'Mille colline', non vale la pena sprecare pallottole per quegli ‘scarafaggi’ dei tutsi. Il machete basta. Un bastone è sufficiente. E se è vero che non tutti gli hutu furono carnefici, è però vero che tutti i tutsi furono a rischio genocidio.

Ma ben prima, un secolo e mezzo dopo la conquista delle Americhe, i nativi del Centro e del Sud del continente passarono rapidamente da ottanta-novanta milioni di abitanti a circa tre milioni e mezzo: la ‘terza specie di animali’, a metà fra uomini e scimmie, ma anche un po’ cani, secondo la descrizione dei conquistatori, potevano tranquillamente essere annientati, per liberare della loro presenza quelle terre. A nulla valse la difesa che ne fece Bartolomé de Las Casas, che tentò di contraddire il giudizio spietato e cieco dei governatori spagnoli e dell’ordine dei gesuiti. La deumanizzazione, e la conseguente animalizzazione, attraversa la storia in un’orrenda successione di gerarchie bestiali, una logica del discredito, che coinvolge gruppi umani, intere popolazioni, ma può implicare anche singoli individui. Più tardi furono i neri a venire abbassati al rango di bestie. E avanti, e avanti, in una sequenza orrenda di gerarchie bestiali, che vanno dai gruppi umani ai singoli individui. Nessuno forse, fino a questo momento della storia, ha provato a capovolgere questa logica del discredito guardando all’animale non come a una legittima preda dell'umano, ma come a un essere di cui vanno salvaguardate dignità e decoro. Pensare alla condizione animale come a qualcosa che autorizza la nostra licenza di spregio e di uccisione, come un elemento che autorizza la violenza è in se stesso aberrante.

Finché si continuerà a considerare l'animale come un essere di cui possiamo liberamente disporre, senza nessuna 'qualità', carne da reddito, o da macello, o da spettacolo, o da gioco, risulterà inevitabile impiegarlo come metro di misura del disprezzo di un essere umano per un altro essere umano. E forse considerando l'animale come creatura dotata quanto meno di una sua riconosciuta necessità di esistenza, per paradosso, si potrebbe arrivare a formulare un diverso rispetto verso ogni essere vivente.

La deumanizzazione, osserva Volpato, 'permette di sopprimere le emozioni di empatia e compassione che proviamo quando vediamo soffrire i nostri simili'. Essa consente di arrivare fino al culmine o al fondo della distruzione dell'altro senza impedimenti morali o troppe remore psicologiche. Senza freni o esitazioni. La deumanizzazione stordisce le coscienze, le addormenta. Così come sono stordite le nostre coscienze di fronte alla ferocia umana verso gli animali.

In *Se questo è un uomo*, Primo Levi parla di 'demolizione dell'umano': nei campi di prigionia o di sterminio non ci sono più uomini, ma larve, cose, 'bestie domate', la cui morte risulterà del tutto priva di significato. Non un crimine contro l'umanità, ma una pratica sbrigativa da gestire rapidamente e con brillante spirito organizzativo. È quello che è capitato, nel secolo scorso, nei lager nazisti come nei gulag sovietici.

Alle isole Solovki, sul mar Bianco, il primo in ordine di tempo nella storia dei gulag sovietici, quello che farà da modello organizzativo per tutti gli altri, alcuni uomini venivano utilizzati come cavalli per il trasporto di materiali diversi. L'esatta definizione burocratica, coniata dagli amministratori del campo, era: 'uomo facente funzione di cavallo'.

La deumanizzazione ci è più vicina di quanto normalmente si possa credere. Un breve intervallo divide l'umanità di oggi, ciò che noi stessi siamo, dal suo opposto, uno spazio sottile che a chiunque può capitare di attraversare. O di veder attraversare.

«Non siamo animali!» hanno gridato i profughi siriani, afghani, iracheni, somali, iraniani, scuotendo, come fossero in gabbia, le reti metalliche che, a Calais, delimitano l'ingresso all'Eurotunnel, separando la Francia dall'Inghilterra. E gli uomini, le donne, i bambini, che si sono infilati sotto i grovigli di filo spinato alla frontiera fra Serbia e Ungheria e a tutte le nuove spietate frontiere, non sembravano animali in fuga, braccati dai cacciatori?

Il grido di chi urla rivendicando la propria umanità sale dalle carrette del mare che attraversano il Mediterraneo, cercando sempre nuovi sbocchi, sempre nuovi approdi, i corpi pigiati nelle stive, corpi spesso senza vita. Le frontiere fisiche, i labili tratti di demarcazione territoriale, stanno via via diventando i crocevia dell'umano. Lì, più che altrove, l'uomo è messo in questione. E lì, in un ammasso di uomini, donne, bambini, la nostra storia si ricapitola. Lì può essere vista per intero e giudicata.

Ma che ce ne facciamo del nostro spazio, se non diventa spazio anche per l'altro? Delle nostre città e delle nostre case, se non diventano dimore vivibili anche per l'umanità che ne è priva? Dei nostri alberi, della nostra acqua, dei frutti che coltiviamo, se non siamo in grado di far partecipare tutti gli abitanti della terra alla cura e all'uso di questi beni, di cui è assurdo rivendicare un possesso esclusivo?

Da questo punto di vista la nostra storia sembra essere un *continuum* segnato solo da cesure provvisorie. Per questo torniamo insistentemente al Novecento, perché è il secolo in cui s'incrociano, come in nessun altro, civiltà e inciviltà, sviluppo e barbarie, l'affermazione e l'espansione dell'umano e la sua negazione. E i nostri anni, ormai ben oltre la linea temporale del secolo, sembrano ancora sballottati fra queste antitesi.

La grande ecatombe

Per parlare del Novecento, e per rappresentarlo in sintesi, sono state utilizzate tinte decisamente cupe. Il Novecento è stato detto il 'secolo del male' o il 'secolo delle tenebre'. C'è poi un'altra definizione, non meno pesante. È dello storico Niall Ferguson: 'l'età della violenza'. Mentre il filosofo e teologo russo Pavel Florenskij, recluso per quattro anni nel gulag delle isole Solovki, e poi fucilato nell'inverno del 1937, scrive alla figlia Olga: 'Questa è un'epoca tremenda'. Il poeta Osip Mandel'štam, morto nel dicembre 1938 in un campo di transito verso un gulag della Siberia, usa quest'altra agghiacciante immagine: il 'secolo lupo', che 'incalza alle spalle'.

Se si pensa che il Settecento, per fare soltanto un esempio, è stato detto il 'secolo dei Lumi', e cioè del trionfo della Luce sulle notti dell'uomo (l'ignoranza, il pregiudizio, il privilegio sociale), si capisce che il Novecento non gode di una buona fama. Naturalmente questo non significa che esso sia stato completamente risucchiato dal male, e che lungo la sua linea non abbiano trovato posto altre espressioni. E non vuol dire neppure che qua e là, con un guizzo improvviso, un balzo inatteso, non sia potuta affiorare una qualche filiazione del bene. E, a dire il vero, non pochi furono gli uomini e le donne che hanno reso testimonianza al bene. In queste pagine, ci siamo messi alla loro ricerca. Qualche nome abbiamo avuto modo di ricordarlo, altri ne ricorderemo. Solo che, nel Novecento, il male risalta come un fatto assolutamente vistoso, scoperto, o malamente celato. Se si potesse guardare da lontano l'ampia distesa dei suoi anni, in una sorta d'ipotetica prospettiva, o di irraggiungibile visione dall'alto, il male è ciò che maggiormente risalta, come se fosse una figura posta in primo piano. Esso appare come l'essenza stessa del secolo. E la sua ombra lugubre si sta allungando minacciosamente anche sul nostro.

In *Memoria del male, tentazione del bene*, Tzvetan Todorov ha fissato in numeri il profilo del secolo. È un conteggio incalzante, che lascia senza fiato. Ci può essere utile riportarlo per intero. Dalla Prima guerra mondiale alla tragica conclusione della Seconda, violenza e morte sono state seminate a piene mani.

> Prima guerra mondiale: otto milioni e mezzo di morti sui fronti, quasi dieci milioni nella popolazione civile, sei milioni d'invalidi. Durante lo stesso periodo: genocidio degli Armeni, un milione e mezzo di persone messe a morte dal potere turco. Russia sovietica nata nel 1917: cinque milioni di morti a causa della guerra civile e della carestia del 1922, quattro milioni di vittime della repressione, sei milioni di morti durante la carestia organizzata del 1932-33.
> Seconda guerra mondiale: più di trentacinque milioni di morti nella sola Europa, di cui almeno venticinque in Unione Sovietica. Durante la guerra, sterminio degli Ebrei, degli zingari, degli handicappati mentali: più di sei milioni di vittime. Bombardamenti alleati della popolazione civile in Germania e in Giappone, parecchie centinaia di migliaia di morti. Senza parlare delle sanguinose guerre condotte dalle potenze europee nelle loro colonie.

Questo elenco produce una sensazione di soffocamento. Ed è sicuramente un elenco incompleto. C'è sempre, alla periferia del mondo, uno sterminio, un eccidio, un massacro, sfuggiti alla catalogazione più attenta. Nessun archivio è mai completo, anche la memoria storica ha i suoi vuoti, le sue sincopi. Soprattutto in questa materia, dove il riscontro oggettivo è assai problematico. Potremmo completare la geografia, aggiornare i conti, indicare altri luoghi: il Vietnam, la Cambogia, il Cile, l'Argentina. In anni più recenti, le Filippine, il Nepal, l'India, il Kashmir, lo Sri Lanka, poi il Burundi, la Somalia, la Costa d'Avorio, il Congo. E non si possono dimenticare la ex Jugoslavia, o l'Ucraina, e, oggi, l'Iraq, la Siria, la Libia, il Libano, la Nigeria. Né si possono passare sotto silenzio i Paesi dove i diritti umani sono quasi ostentatamente negati: l'Iran per esempio, o la Cina.

I grandi numeri, per quanto elaborati per approssimazione, sono in grado di restituire le mastodontiche proporzioni di ciò che è accaduto. E il secolo può emergere per quello che è: un'enorme, ininterrotta, ecatombe. Possiamo immaginare una fila serrata di uomini che uccidono, torturano, imprigionano altri uomini, come se queste fossero le loro principali attività. Li vediamo spinti da una fredda determinazione. E, ovviamente, da una sorda, famelica ferocia.

Nella storia del male, ammesso che sia possibile mettere mano a una storia del male, il Novecento aggiunge sicuramente qualcosa che precedentemente non si conosceva: lo scrupolo burocratico e la geometrica precisione. S'inventano nuove armi, si elaborano nuovi sistemi e nuovi metodi per una più rapida eliminazione di parti del genere umano. Emerge una sinistra creatività nei modi in cui gli uomini fanno violenza, o danno la morte, ad altri uomini. I procedimenti non possono essere né sommari né sbrigativi. Devono essere 'scientifici': solo così si arriva al traguardo dei grandi numeri. Occorre studiare la morte, analizzarla. Tutto viene fissato in procedure ben definite. Viene inventata un'articolata tecnologia della rapida eliminazione: l'uso del monossido di carbonio, le camere a gas camuffate da docce, i forni crematori per liberarsi dell'ingombro dei corpi. Tutto è stato scrupolosamente analizzato.

La stessa applicazione nella Russia dei gulag. La burocrazia dello sterminio governa la vita degli individui fissandola in cifre, dall'arresto alla fucilazione, dai colloqui con i familiari agli indici di produttività e all'alimentazione quotidiana. La vita dei russi evapora nell'ordine fittizio dei grafici e delle tabelle. Come un dio malvagio, la neutra entità numerica di un grafico può determinare la rovina di qualche milione di persone.

L'elenco steso da Todorov indica le cifre dell'ecatombe. Ma proprio per questo è decisivo mettere mano anche a quelli che sono sfuggiti al suo fiume di sangue, alla sua forza travolgente. Contare i *salvati*. E non per riportare in equilibrio il bilanciere delle responsabilità, ma per portare alla luce l'ininterrotta presenza del bene nel 'secolo del male'. Fino a oggi. Il bene non si è mai assentato.

Contare anche i salvati

Se il Novecento è l'ecatombe che abbiamo detto, e se il nostro secolo soltanto all'inizio ne è una sorta di proseguimento su vasta scala, che cosa resta fuori dal suo macello? Molto, e lo diciamo con un sottile sollievo. Sono innumerevoli i comportamenti solidali, i gesti amorevoli, le azioni protese verso l'altro, che ci sono rimaste negli occhi in questi ultimi tempi. Moltiplichiamole per le manifestazioni che cadono lontane dal nostro sguardo, di cui nulla sappiamo, nascoste o sconosciute. Avremo così un ritratto completamente diverso dell'umanità.

Per non dissolverle o annullarle in una sequenza troppo veloce, proviamo a fissarne almeno una. Una soltanto. Fra le immagini che il 7 luglio 2015 passano sullo schermo televisivo, ci ha colpito quella di un giovane medico dalla barba folta che, su una nave di soccorso a pochi chilometri dalle coste libiche, serra fra le proprie braccia un bambino nero salvato dal naufragio di un barcone. Una scena consueta. Il bambino è molto piccolo – due, tre anni – e sembra quasi perdersi nel salvagente, evidentemente per adulti. Il giovane medico lo tiene stretto a sé per non farlo scivolare, e, al tempo stesso, per dargli la sensazione fisica di una presenza materna, che il bimbo ha probabilmente perduto. 'Sei in salvo, sei al sicuro!' è il significato di quell'abbraccio. 'Sei in salvo, sei al sicuro' è il significato di ogni abbraccio, di ogni mano che si tende a strappare dalle onde un corpo.

Le vite salvate non sono numeri. Contano una a una. Diventano individui proprio nel momento in cui vengono tratte in salvo. Finché rimangono stipati nei barconi, quei corpi non si distinguono l'uno dall'altro, precipitano nell'indifferenziato. In acqua, da naufraghi, sono punti che si vanno dissolvendo, come appaiono nelle fotografie nel mare del canale di Sicilia ai primi di agosto del 2015. Le istantanee sono scattate da lontano, e dall'alto, probabilmente da un elicottero. Gli uomini e le donne, i piccoli che vediamo dibattersi in acqua, quasi sopraffatti, alcuni già cadaveri, appaiono alla stessa stregua di oggetti galleggianti. Nulla di umano. Se non la loro lotta. Sembrano insetti che si dibattono nell'acqua. È una scena astratta, irreale: potrebbe essere il risultato di un fotomontaggio. Talmente astratta e irreale da smorzarne la drammaticità.

Tornano uomini, tornano ragazzi, giovani donne, bambini e bambine, neonati, indossano nuovamente un corpo e un volto nel momento in cui vengono tirati su, quando altri uomini decidono di dar loro vita. Allora rientrano nello spazio dei vivi, da cui erano scivolati fuori, come in un viaggio all'indietro: dallo stato di deumanizzazione in cui erano piombati allo stato di semplice vivente umanità.

Sono troppo pochi i 'salvati'? Certamente. Ma sono un punto d'onore per l'umanità dell'uomo, e un modo per preservarla.

La storica Anna Bravo ha dedicato una ricerca preziosa, *La conta dei salvati*, in grado di rispondere a questo interrogativo. E certo non è un caso che l'abbia svolta in questi ultimi anni. Oggi fa pressione un furore distruttivo che non può non sollecitare una nuova prospettiva. I nostri occhi necessariamente mutano se muta il paesaggio che ci scorre davanti. La ricerca di Anna Bravo è preziosa perché offre uno scorcio inedito sull'intero corso del Novecento, dalla Prima guerra mondiale alla Seconda e oltre: l'India, il Kosovo, il Tibet. E dunque il tempo nostro.

Guerre e conflitti sono simili ai 'buchi neri del cosmo' che attraggono nella loro orbita tutto ciò che gli sta attorno. Le guerre sono 'voraci' come i buchi neri. Tendono a occupare l'intero spazio della narrazione storica, diventano passaggi incancellabili della memoria sociale, con la pretesa di essere tutta la storia che ci è possibile conoscere. Al resto viene dato ben poco rilievo. Il resto non fa storia. La si considera cronaca spicciola. È il 'sangue versato' a imprimere a una carneficina un'aura di sacralità.

Ma se provassimo a guardare le cose in modo diverso? Si tratta di ribaltare i criteri e l'orientamento con cui finora abbiamo pensato la nostra storia. È quello che fa Anna Bravo, mettendosi fuori dalla forza d'attrazione dei 'buchi neri'. Allora si può arrivare a vedere che nella nostra storia non ci sono solo guerre, c'è anche tutto ciò che ostacola la guerra, o alla guerra si sottrae. È rimasto in ombra, ma c'è.

Non ci sono solo guerrieri, ma uomini e donne che hanno voluto smentire il potere della violenza, fin troppo ovvio e indiscusso, come una specie di presupposto naturale dello *status* umano. Uomini e donne che hanno creduto inaccettabile la sofferenza subita da un altro, e si sono rifiutati di incrementarla.

La violenza non occupa tutto il campo, non è la sola realtà possibile. C'è qualcosa che si oppone alla violenza, e occorre cominciare a darle peso. Non fa storia soltanto il 'sangue versato'. È storia anche 'il sangue risparmiato'. Anna Bravo si è messa sulla sua strada. Ha restituito voce a storie che erano state ignorate.

A questo punto l'elenco, il cadaverico inventario steso da Todorov non basta. E, d'altra parte, se lo stesso Todorov scandisce quei numeri di morte è per riconoscere le dimensioni della 'bestia' che ha divorato il secolo. Poi però guarda a chi ha osato affrontarla con coraggio, pur sapendo di non poterla vincere. Almeno fissarla negli occhi. Poco senz'altro, ma almeno questo. Peggio sarebbe se neppure si potessero rilevare le sue letali responsabilità. Comincia qui la 'conta del bene'. Ed è un punto di svolta. Per questo occorre ricordare chi ha scelto di procedere in direzione opposta, di far fronte al male, chi si è messo controcorrente, facendosi carico dell'umanità offesa. Non sono pochi. Ma occorre scovarli ai bordi estremi della grande storia, dove sono stati quasi risucchiati dall'oblio. Troppo a lungo sono rimasti nascosti l'impeto istantaneo, lo slancio gratuito con cui l'uomo si è chinato sull'altro uomo, facendosi custode della sua umanità. Occorrerebbe elaborare un grande memoriale del bene, salvando i nomi, i volti, le storie di chi non si è arreso alla preponderanza del male.

A noi è capitato di raccogliere la storia – tramandata oralmente, dalla fine della Seconda guerra mondiale a oggi – di una umile donna, che, nel momento di maggior dolore della sua vita, ha alzato una mano per fermare il male.

Ce l'hai una madre?

In un paese della provincia di Parma, una madre salva dal linciaggio il giovane fascista che, qualche giorno prima, ha ucciso, davanti ai suoi occhi affranti che chiedevano pietà, il suo unico figlio. A pochi giorni dalla Liberazione, e dunque come un estremo sfregio. Adalgisa, questo era il nome della donna, potrebbe vendicarsi e placare almeno un po' la ferita ancora sanguinante. Tutti attorno a lei chiedono una giustizia immediata, lì, sulla piccola piazza del paese che si sta affollando per assistere all'esecuzione del giovane fascista, come se si trattasse di un rito liberatorio. Tutti se l'aspettano, e tutti la reclamano. È il tempo delle vendette, soprattutto in quell'area geografica, dove la 'guerra civile' è stata lunga e aspra.

Ma Adalgisa sceglie di non moltiplicare l'odio. Sarebbe improprio dire che perdona l'assassino di suo figlio. Niente del genere. È troppo invasa dal suo dolore per perdonare, o per concedersi all'odio. Suo figlio è morto, tutto il resto è cosa superflua. Rompendo un silenzio duro, accigliato, dirà pochissime parole, una sola scarna frase. Non ha mai parlato molto, l'Adalgisa. Tantomeno ora. Ma quella frase, sporgendo fuori dal silenzio, resterà ben impressa nella memoria dei presenti, come scolpita.

«Ce l'hai una madre? Va', torna da lei» dirà Adalgisa rivolgendosi direttamente all'assassino, che ha perso la tracotanza di qualche giorno prima, e ora è paralizzato dalla paura.

Alla madre dell'assassino, Adalgisa non vuole infliggere il dolore che lei ha subito. Sa di che cosa si tratta, ha sentito la vita spezzarsi, il cuore depredato. Allora basta così! Nessuna esecuzione. La folla lascia la piazza del paese delusa.

Non sappiamo che cosa ha mosso Adalgisa. Sappiamo che ha fermato il male. Del tutto provvisoriamente, ha interrotto la catena della violenza. Ha guardato in volto l'assassino di suo figlio. Forse vi ha riconosciuto il suo stesso figlio, o lei stessa, e con lei tutte le altre madri. Adalgisa si è presa la libertà di concedere la vita invece che la morte. Un gesto regale che l'ha sollevata dalla palude dell'odio.

Resistere senza colpire

Guardare l'altro negli occhi, o più precisamente farsi catturare dall'immagine dell'altro che ci si imprime nella retina, è qualcosa di più di una singola azione di misericordia.

Il nazifascismo è stato vinto, lo sappiamo, da una lunga e sanguinosa guerra condotta dai Paesi alleati, fortemente spalleggiata da una resistenza attiva nelle nazioni occupate, spesso accompagnata da episodi di violenza gratuita, causata talvolta soltanto da spirito di vendetta.

Non vogliamo qui discutere se il male, una volta incistato nella storia umana, si possa sconfiggere soltanto con altra guerra e altro sangue oppure opponendo la non-violenza alla guerra. Vogliamo però ricordare che il gesto di Adalgisa ha impedito l'accumulazione del sangue. Ha introdotto perplessità in animi assetati di ritorsione. Infine, ha salvato una vita umana. Come Adalgisa, altre madri hanno salvato vite di soldati nemici, solo perché sono state sfiorate dal pensiero che forse i loro figli in terra nemica avrebbero potuto essere salvati da altre donne in Paesi lontani. I loro cuori potevano in fondo essere attraversati da un sogno di vendetta a distanza. Invece, hanno ceduto alla speranza di un sentimento umano in cuori simili ai loro.

Altre donne, o addirittura bambine, pur senza praticare una resistenza attiva e violenta, hanno sfidato il pericolo per nascondere soldati fuggiaschi, per dare asilo a derelitti, per offrire di nascosto un bicchier di vino a un ferito rintanato in un solaio, in una cantina, per rimetterlo in forze e sottrarlo alla vendetta del nemico, per portare informazioni utili alla resistenza degli uomini in documenti nascosti fra i loro capelli, nelle scarpe, nella canna della bicicletta.

Non solo le donne, ovviamente. Se si guarda alla rete della resistenza non-violenta, anche solo in Italia nel corso dell'ultima guerra, si scopre una quantità impressionante, in tutti gli ambiti della vita civile, di persone che con la loro opposizione passiva hanno fornito un indispensabile e prezioso aiuto alla sconfitta del criminale progetto nazifascista.

Occorrerebbe conoscere volto per volto, nome per nome, le storie di tutti coloro che hanno rischiato la vita non per un ideale astratto, ma semplicemente per salvare se stessi di fronte alla propria coscienza, e per salvare la possibilità di una esistenza umana sulla terra, senza aggiungere altro male a quello che già abbondantemente dilaga. Occorrerebbe tracciare una mappa casa per casa, città per città, scuola per scuola, chiesa per chiesa, per vedere che tanti gesti isolati di responsabilità verso il derelitto, il perseguitato, hanno permesso – senza alcuna progettazione strategica – di costruire una rete di dignità e di servizio comune. Nelle fabbriche, soprattutto quelle destinate a produzione militare, si svilupparono scioperi e boicottaggi. Nelle scuole vi fu chi cercò di creare – con l'esempio e con lo studio – una coscienza di civiltà e di giustizia tra i giovani. Nelle caserme esplosero episodi di dissidenza e di rifiuto di eseguire gli ordini ricevuti, tanto che centinaia di migliaia di militari italiani furono deportati nei lager come disertori o come prigionieri di guerra. Dopo la promulgazione delle leggi razziali, e dopo che negli ultimi anni di guerra fu disposto l'internamento degli ebrei in campi di concentramento, moltissimi cittadini comuni, o comunità religiose, nascosero nelle loro soffitte o nei loro conventi migliaia di ebrei che sarebbero stati destinati a morte sicura.

Resistere senza colpire, anche se a rischio della stessa vita, significa non solo che è possibile rispondere al male soltanto con il bene. Ma anche che quel resistere non è una dimensione unicamente passiva. Ma un segno di ragione e di giustizia inciso attivamente nella storia. E significa anche confidare nella possibilità che segni dello stesso genere possano costituire, chissà, un orizzonte di civiltà invece che di barbarie.

4
Da un altro

Gli occhi dell'eterno fratello

'Solo chi serve è libero'. Verità difficile, aspra. Per molti è inaccettabile il pensiero che la libertà si conquisti attraverso la 'servitù'. Ma servire, qui, non ha un sapore di sudditanza. Ha piuttosto il gusto dell'offrire la propria vita agli altri. Questa verità la si può trovare in un breve racconto – *Gli occhi dell'eterno fratello* – di un singolare scrittore del secolo scorso, Stefan Zweig, autore di romanzi, biografie, racconti di vasto successo soprattutto a cavallo fra gli anni Venti e Trenta. Zweig morirà suicida nel 1942, quasi dieci anni dopo essere fuggito dalla Germania nazista che aveva messo al rogo i suoi libri, e non solo i suoi.

Gli occhi dell'eterno fratello è del 1922, lo stesso anno in cui esce il *Siddharta* di Hermann Hesse, che con il racconto di Zweig condivide l'ispirazione sapienziale e l'ambientazione indiana.

È la storia di un itinerario spirituale attraverso il dolore, alla ricerca di una saggezza capace di fissare gli 'occhi dell'eterno fratello', perché questa è, per Stefan Zweig, la fonte viva del nostro stare al mondo: il volto di chi ci sta di fronte, lo sguardo che incrociamo lungo il cammino, e che a noi si mostra nella sua fragilità.

'In ogni dolore' scrive Zweig, 'vi è più sapienza e verità che in tutta l'imperturbabilità dei saggi. Quel che io so l'ho imparato dagli infelici, e quello che ho visto l'ho scorto attraverso lo sguardo del torturato, attraverso gli occhi dell'eterno fratello. Non un umile sono stato, ma un orgoglioso. Solo chi serve è libero, chi affida la sua volontà a un altro, e dedica la sua forza a un compito, e opera senza domandare'.

Protagonista del racconto di Zweig è il nobile Virata, un uomo di ponderata saggezza e radicato senso della giustizia: 'La sua fronte era chiara, dritti i suoi occhi sopportavano le domande degli uomini; mai s'era vista la sua mano contrarsi in un pugno rabbioso, mai si era udita la sua voce alzarsi nell'ira'.

Ma un tragico gioco di circostanze prende alle spalle il nobile Virata: del tutto involontariamente, uccide in battaglia il proprio fratello, uccidendo anche la sapienza e la giustizia cui si era attenuto fino a quel momento.

'Gli occhi dell'ucciso erano aperti e fissi, e le pupille nere lo frugavano fino in fondo al cuore'. Per espiare la sua colpa Virata intraprende un percorso di irreprensibile giustizia e di spietata purificazione. Ma alla fine della sua vita capirà che anche l'essere più saggio e più giusto non vive al riparo dal male, se è guidato soltanto dal proprio orgoglio. È allora che decide di non sfuggire agli 'occhi dell'eterno fratello, verso cui noi eternamente operiamo il bene e il male'. Sente vana e illusoria la saggezza, se non è in grado di 'servire la vita'. 'Sono stato un inetto, ho nutrito soltanto il mio essere e non ho servito nessun altro. Ora voglio di nuovo servire'.

Andare incontro alla debolezza

Raccogliamo la forza di questa immagine: lo sguardo dell''eterno fratello'. È questo sguardo – la scoperta della fragilità e della vulnerabilità dell'altro – a riportarci al quesito intorno al bene.

Ripercorrendo le cronache di questi mesi, o di questi anni, viene da chiedersi: come si può 'vincere' l'ammasso di male che quotidianamente vediamo? Il problema è mal posto. Non è in questione una 'vittoria' o una 'sconfitta'. In nessuna circostanza il bene indossa gli abiti del 'vincitore', né gli si addice un linguaggio bellico. Semplicemente c'è. Irriducibile, ostinato. Con una tenacia e una perseveranza che rende imprescindibile la sua presenza sulla terra.

Lo abbiamo visto: non basta un''idea' di bene per realizzare il bene. Nell''idea' si cela una progettualità che si può sviluppare in istanza totalitaria, volontà di sopraffazione, che finisce col devastare le comunità e i singoli.

Allora torniamo alla domanda che abbiamo formulato aprendo questa concatenazione di pensieri: da dove viene il bene? *Unde Bonum?* Quando l'immagine di Dio troneggiava al centro delle culture umane e delle civiltà, poteva risultare facile, o scontato, rispondere che il bene procede da Dio. Dio era la scaturigine del mondo, e il bene s'irradiava da quella vampa potente. Ma oggi che la presenza di Dio si è fatta più remota, e l'uomo pare essersi abituato, o rassegnato, a convivere con il male piantato nel tessuto della nostra storia, ora che guardiamo con maggior chiarezza alle responsabilità che ciascuno ha rispetto al proprio agire, non possiamo più pensare che sia un Dio lontano il 'fattore' di tutto quello che nel mondo accade, bene o male che sia.

Questo non facilita le cose. Spostando la nostra attenzione dalla vastità di Dio al circoscritto agire della creatura, la strada non si fa più piana. Sappiamo quale matassa di pulsioni, sentimenti, desideri abitino dentro di noi.

'Il cuore dell'uomo concepisce disegni malvagi fin dall'adolescenza' si legge nel libro della *Genesi* (8,21). Proprio per questo può capitare di restare sorpresi, o spiazzati, di fronte all'irrompere di un gesto generoso destinato a scombinare le nostre consuetudini di vita e di pensiero. Ci chiediamo, stupefatti, sconcertati, da dove proviene quel gesto sregolato, imprevisto, quell'inatteso sporgersi fuori di sé per tendere una mano, o per spendere una parola che accoglie invece che respingere, che crea invece che distruggere.

Ci vuole un cuore aperto perché il bene possa espandersi e trasformare, in un lampo, quella materia combattuta che si agita dentro ognuno di noi. Ma è sempre necessaria la presenza di *un altro* di fronte a noi – gli occhi dell'eterno fratello – perché si manifesti il bene. Da *un altro* viene il bene. È sempre un volto, un corpo, uno sguardo a chiamarci fuori da noi stessi. Qualcuno che si mostra a noi nel suo mancare. È questo che produce il primo spostamento. Nasce *in relazione*, il bene. E *di relazione* si nutre. Non sta da solo, confinato nel recinto in cui spesso ci costringiamo a vivere.

Per sua natura, il bene non cresce autoctono, non si sviluppa su chi lo cerca per sé, aspirando magari a una perfezione morale. Così va in avaria. Si guasta. Nessuno può tenerlo per sé solo. Diventa veleno.

Quello che chiamiamo bene non è che il *movimento* che va incontro alla debolezza di un altro, le dà risposta. Questo è il significato del 'servire' cui abbiamo fatto cenno: tenere in minor conto la propria vita rispetto a quella di chi ci sta accanto. Non necessariamente nel senso di un sacrificio estremo. Niente di estremo; non sempre, almeno. C'è un volto ordinario del bene, e sicuramente ci è capitato d'incontrarlo, il semplice prendersi cura dell'altro, come fa la madre con il suo bambino, o come accade a chi si mantiene aperto e leale nel tempo verso un amico, o a chi ogni giorno svolge umilmente, silenziosamente, il suo compito, sapendo che solo così si costruisce positivamente una comunità e la si fa vivere.

Sono immagini che possono apparire fin troppo semplici, addirittura banali o dimessamente quotidiane. Ma di quotidiano è fatta la nostra vita. Essa accade tutti i giorni. E pure il bene è intessuto di quotidianità. Può anche prendere apparenze eroiche, ma per lo più si esprime in modo spoglio, senza enfasi. I gesti, di cui abbiamo parlato, e di cui ancora parleremo, hanno le loro radici nella vita di tutti i giorni. Il loro sapore è quello di tutti i giorni.

Certo non è ordinaria la situazione dei migranti che, sui nostri mari, affrontano il rischio del naufragio, della fame, della sete, del respingimento, della morte dei propri cari e della propria morte. Li inseguono eventi drammatici: la guerra, la siccità, la carestia, la povertà.

Ma è semplice, è immediato, quasi di scatto, il gesto del marinaio che tende loro una mano per trarli in salvo. Quante di queste mani abbiamo visto nei servizi televisivi degli ultimi anni? Le mani del medico che presta soccorso, oppure di chi porge il primo sorso d'acqua, o di chi sorregge, con delicata attenzione, le donne gravide, o di chi solleva con cura e tenerezza paterna il corpo senza vita di un bambino in maglietta rossa restituito alla terra, o di chi lava con una bottiglia d'acqua minerale la neonata venuta al mondo in una tenda, alla frontiera tra Grecia e Macedonia. È elementare il sentimento che spinge Emilia Kamvisi, una nonna dell'isola di Lesbo, ad andare ogni giorno, per lunghi mesi, sotto il platano che sta sulla riva del mare del suo paese, per accogliere i profughi che arrivano dalle coste turche «per dar loro una coperta, un po' di formaggio, o anche solo un abbraccio».

«Mi sono solo comportata da essere umano» dice quando racconta di aver soccorso una mamma e il suo piccolo fradici e stremati, di aver dato un biberon di latte al bambino mentre la mamma si procurava abiti asciutti. «Quando arriva una barca non ti domandi se i migranti e i loro figli hanno i documenti a posto, da dove arrivano e perché. Pensi ai tuoi nipoti della loro età, e anche se hai ottantacinque anni e cammini col bastone fai quel che puoi per dare una mano».

Cose che vediamo ormai quotidianamente. Quello che resta più velato è lo scatto, il piccolo impeto che precede il gesto, quando si risponde a uno sguardo, a un volto, a un sorriso, o a un grido, a un vagito. Oppure a una voce senza voce.

Il 3 ottobre del 2013, di prima mattina, Costantino Baratta, un muratore di Lampedusa di cinquantasei anni, esce a pesca con l'amico Onder e con il suo piccolo fuoribordo. Lo fanno spesso: il bottino non è mai ricchissimo, ma basta per casa, e poi gli piace andare per mare, soprattutto nella stagione in cui l'isola si svuota. Vanno via al mattino, facendo ritorno dopo qualche ora. Niente di particolare, solo un piccolo svago. Ma non sarà così quel giorno. Appena oltre la linea della scogliera di Cala Madonna, neppure un chilometro dal porto, i due amici s'inoltrano, quasi all'improvviso, in un inferno, una 'distesa di cadaveri' che galleggiano sulla superficie dell'acqua, gonfi e lividi. Conosceranno dopo il numero: trecentosessantasei, di cui sedici bambini. Ci sono sopravvissuti. E gridano, invocano aiuto, si sbracciano per segnalare la propria presenza, dibattendosi nella nafta, stremati dal freddo. La Guardia costiera, che è già sul posto, fa il possibile. Non è facile dare soccorso a centinaia di persone. Non sai da dove cominciare a mettere le mani.

Costantino ne tira su undici, dieci ragazzi e una ragazza. Uno a uno. 'Scivolavano come saponette' ricorda. Li pulisce, gli fa vomitare la nafta ingurgitata, dà loro da bere, li riscalda come può. Al giornalista che gli chiede perché lo ha fatto, Costantino aggiunge: «Non lo so». Si sforza per trovare una ragione. Non ha avuto modo di pensarci. Lo ha fatto, punto e basta. È come se le ragioni, i perché, non fossero cosa sua. Però azzarda, mette insieme una spiegazione: «Forse è una cosa innata che abbiamo sull'isola. A Lampedusa tutti aiutano tutti» dice. Ci pensa ancora: «È perché veniamo da generazioni di emigranti».

Le spiegazioni, le giustificazioni, vengono sempre dopo, a mente fredda. Sono un'appendice, forse anche secondaria, del gesto fulmineo come un raptus, o una scossa, quando gli occhi dell'altro ti raggiungono e ti 'frugano fin dentro il cuore'.

Più forte dell'odio

Questo raptus non esaurisce tutte le possibili espressioni del bene, ma ne è una parte significativa. Ci può essere un bene di minor impeto, più ponderato, e tuttavia capace di far da argine all'odio.

Ancora una storia. Quella dei sette monaci trappisti che, nella primavera del 1996, vengono trucidati sulle montagne dell'Algeria. Dalla loro vicenda, nel 2010, è stato tratto un film, *Uomini di Dio*, diretto da Xavier Beauvois.

I loro corpi non verranno mai ritrovati, solo le loro teste, come uno sfregio. Eppure i monaci avrebbero potuto salvarsi. Più volte minacciati dai gruppi fondamentalisti attivi nella regione, avrebbero potuto chiudere il loro piccolo monastero e far ritorno in Francia, oppure raggiungere un posto più sicuro. Una scelta ragionevole in attesa di tempi migliori. Nessuno chiedeva loro nulla, tantomeno atti eroici. I sette monaci avevano un'età compresa fra i quarantacinque e gli ottantacinque anni, la loro salute era traballante. Basta vedere le poche foto rimaste del loro gruppo: volti aperti, sorridenti, miti, ma i corpi sono magri e fragili, consumati dalla vita dura.

Che ci facevano ancora in quel paese, Tibhirine, sperduto fra le montagne? L'ambulatorio che gestivano da anni non era soltanto la sola struttura sanitaria in un territorio assai vasto, era un piccolo presidio di amore per l'umanità.

I monaci, caparbi, o fedeli alla loro vocazione, o tutte e due le cose, scelgono, dopo qualche tentennamento, di restare nel loro monastero, tenere aperto l'ambulatorio, e aiutare come possono la gente del posto, che necessita di tutto, e soprattutto della quieta tenerezza di quegli uomini miti. I loro superiori, e le autorità algerine, li sollecitano a tornare in patria. Ma loro rifiutano protezione e sicurezza. Un atto eroico? Forse. Ma di un'eroicità tranquilla, senza impennate emotive. È la condotta semplice di chi vuole che la vita continui.

'La vita non è il male', avrebbero potuto dire i sette monaci, perché di questo erano convinti. E se vanno incontro alla morte è proprio per desiderio di vita. Si muovono, e ne sono del tutto consapevoli, nel solco di una fede che predica vita.

Decidere di restare è per loro cosa ovvia. Inutile discuterne ancora. Continuano a pregare e a celebrare le loro liturgie. Continuano a lavorare nell'orto, nel frutteto del monastero, nell'ambulatorio sempre affollato. Ignorano il pericolo, che pure è tangibile. Lo si respira, e anche i monaci lo respirano, ma non si lasciano condizionare. In nulla mutano le loro consuetudini, fino al momento in cui, nella notte fra il 26 e il 27 marzo del 1996, vengono rapiti da un gruppo armato.

Farà seguito un silenzio di due mesi. Il 21 maggio, un comunicato: 'Abbiamo tagliato la gola ai sette monaci'. Tutto qui: poche parole, le speranze vengono stroncate, l'odio chiude la partita. Nove giorni dopo, verranno trovate le loro teste. Solo quelle. I corpi non saranno mai ritrovati.

Due anni prima, agli inizi del 1994, frère Christian, priore del monastero, dove viveva da venticinque anni, scriveva:

> Se mi capitasse un giorno (e potrebbe essere oggi) di essere vittima del terrorismo che sembra voler coinvolgere ora tutti gli stranieri che vivono in Algeria, vorrei che la mia comunità, la mia chiesa, la mia famiglia si ricordassero che la mia vita era *donata* a Dio e a questo Paese. [...]

> La mia vita non ha più valore di un'altra. Non ne ha neanche meno. In ogni caso non ha l'innocenza dell'infanzia. Ho vissuto abbastanza per sapermi complice del male che sembra, ahimè, prevalere nel mondo, e anche di quello che potrebbe colpirmi alla cieca. Venuto il momento, vorrei avere quell'attimo di lucidità che mi permettesse di sollecitare il perdono di Dio e quello dei miei fratelli in umanità, e al tempo stesso di perdonare con tutto il cuore chi mi avesse colpito. Non potrei auspicare una tale morte. Mi sembra importante dichiararlo. Non vedo, infatti, come potrei rallegrarmi del fatto che questo popolo che amo sia indistintamente accusato del mio assassinio...

Sa bene, Christian de Chergé, e con lui lo sanno i suoi fratelli, che l'Algeria, e l'islam, sono altra cosa dall'integralismo estremista. Per questo della sua vita e della sua gioia rende grazie a Dio:

> In questo grazie in cui tutto è detto ormai della mia vita includo certamente voi, amici di ieri e di oggi, e voi, amici di qui, accanto a mia madre e a mio padre. [...] E anche a te, amico dell'ultimo minuto, che non avrai saputo quel che facevi. Sì, anche per te voglio questo *gra-*

> *zie* e questo *ad-Dio* da te previsto. E che ci sia dato di ritrovarci, ladroni beati, in paradiso, se piace a Dio, Padre nostro, di tutti e due. Amen! *Inšallah*.

Difficili da immaginare parole così accoglienti verso chi si presenta pronto a scannare. Così trasparenti da riuscire a prefigurare la morte, a vederla, quasi a toccarla. Noi che le leggiamo proprio per questo ne siamo turbati. Per quella pace più forte dell'odio. Per quella serenità più decisa della violenza. Che l'amore sia più 'forte' della morte non è una verità semplice da sostenere. E tuttavia, per il solo fatto che l'amore resiste, al di là della morte, per questo solo fatto esso è 'forte'.

Un movimento inverso

Una diversa formulazione di questo rifiuto dell'odio ci viene da una tragedia più recente. Parigi, 13 novembre 2015. Nel corso della notte Parigi rivelava pian piano il volto di una città violata, deturpata nelle sue espressioni più vitali, più semplici, più quotidiane, più gioiose.

Le esplosioni allo stadio; le sparatorie nei ristoranti, affollati e allegri come lo possono essere il venerdì sera; le vere e proprie esecuzioni in una sala da concerto, dove erano riuniti centinaia di giovani, provenienti da Paesi diversi, quasi a indicare una possibile fratellanza, in quel clima di festa, di esuberanza, di leggerezza che Parigi più di altre città sa meravigliosamente offrire.

Poi le notizie dei centotrentasette morti. Lo sgomento. La paura. E nei giorni seguenti, sul web, nei giornali, i volti – belli, vitali – di quei ragazzi e ragazze, le loro storie, le coincidenze che li hanno portati in quei luoghi di morte e le coincidenze che hanno consentito la salvezza di altri. Piccole, fatali deviazioni del destino, come sempre accade nei grandi disastri. E poi ancora, i volti di quegli altri ragazzi, quelli fieri di uccidere, quelli che pensano di sottrarsi così a un destino umiliato, quelli che non esitano a uccidere se stessi e altri in nome di una fede male interpretata, svilita, strumentalizzata, quelli che si inebriano con un delirio di conquista del mondo. Volti comuni, anche quelli. Volti sorridenti, oppure inaspriti. Volti smarriti.

Poi sono cominciate a comparire, in una sorta di doloroso 'memoriale', assieme alle foto delle vittime, alcune loro minime biografie, per permettere al mondo di associare a quei volti pezzetti di storie, nell'impossibilità di dar conto delle loro vite. Il marito di una giovane donna 'giustiziata' dai terroristi, Antoine Leiris, ha scritto:

> Non avrete il mio odio. Venerdì sera voi avete rubato la vita di un essere eccezionale, l'amore della mia vita, la madre di mio figlio. Ma non avrete il mio odio. Non so chi voi siate, e non voglio neppure saperlo. Siete della anime morte. Ma se quel Dio in nome del quale voi uccidete ciecamente ci ha fatto a sua immagine, ogni colpo che avete inferto nel corpo della mia donna sarà stato anche una ferita nel suo cuore. Per questo non vi farò il regalo di odiarvi. Voi l'avreste voluto, ma rispondere all'odio con la rabbia sarebbe come cedere alla stessa ignoranza che ha fatto di voi quello che siete. Voi vorreste che io avessi paura, che io guardassi i miei concittadini con occhio diffidente, che sacrificassi la mia libertà per la sicurezza. Ma avete perso questa battaglia. [...] Siamo rimasti in due. Io e mio figlio. Ma siamo più forti di tutti gli eserciti del mondo. E del resto non voglio dedicarvi altro tempo. Devo andare da Melvil, che sta per svegliarsi dal suo sonnellino. Ha solo diciassette mesi. Mangerà la sua merendina come tutti i giorni, poi andremo a giocare come tutti i giorni, e per tutta la vita questo bambino vi farà l'af-

fronto di essere libero e felice. Perché alla fine non avrete neppure il suo, di odio.

Ecco. Invertire la tendenza. Non rispondere all'odio con l'odio. Forse questo – anche se non è la trasformazione dell'odio in amore – può essere un primo punto per cominciare a capire le ragioni del male. Ci può permettere di vedere che l'odio non nasce mai senza motivo. Ma è generato da altro odio, in una catena di cause ed effetti che occorre provvedere a spezzare, se non si vuole che si riproduca all'infinito.

Bisognerebbe cominciare a rendersi conto della responsabilità storica dei singoli, dei gruppi sociali, delle nazioni, se si vuole provare a porvi un qualche riparo, e non perpetuare una successione di ritorsioni senza fine.

Portare alla luce le violenze taciute, le complicità nascoste, le omertà, le ampie zone di illegalità e corruzione, le contraddizioni che nessun organismo mondiale riesce più a tenere a bada.

Cominciare a guardare anche il dolore dell'altro, oltre che il nostro, cominciare a piangere le lacrime degli altri. Sapere – perlomeno sapere – che mentre i morti di Parigi e di tutte le altre città colpite lasciano se non altro dietro di sé la dignità degli affetti e della memoria, della commozione e del dolore, per migliaia e migliaia di altri, nel mondo che non è il nostro, non c'è sepoltura, non c'è memoria, non c'è riconoscimento per lo strazio dei loro cari. Non hanno nomi. Non hanno volti. Non riconosciamo loro alcuna dignità. Non rispondere all'odio con l'odio: questo è un primo modo per lasciar respirare il bene.

Ancora una volta ritroviamo sulla nostra strada le parole di Paolo apostolo: 'Non lasciarti vincere dal male, ma vinci con il bene il male' (*Romani* 12,21).

L'altro e il suo volto

La pratica del bene, è evidente, non è mai stata esclusivo appannaggio delle tradizioni religiose. Tutte le culture, in misura diversa, in forme diverse, hanno espresso un incessante interrogarsi sul bene. Va anche detto che spesso le religioni, entrando nella storia degli uomini, prendendone parte, con la loro pretesa di assolutezza, la certezza di possedere la chiave della salvezza per tutti, il loro desiderio di predominio, si sono trovate a predicare il bene moltiplicando iniquità. E agitando la spada del male hanno finito per umiliare il bene.

Troppo spesso le grandi religioni si sono sporcate le mani con la storia e, qualche volta, sono rimaste impigliate nella sua trama. Tuttavia rimane vero che i loro testi fondativi, le loro parole originarie, i solchi che hanno tracciato, al di là di ogni deformazione o utilizzo improprio, non sono che tracce di cammino per l'umanità. Possibili strade. Percorsi d'esperienza.

Partiamo da un versetto del libro del *Levitico*. Qualcuno lo ha definito il versetto più importante di tutta la Bibbia. Esso sostiene l'intera impalcatura della reciprocità e della fratellanza, che sostanzia, idealmente, l'etica d'Occidente: 'Ama il prossimo tuo. Egli è te stesso' (19,18).

Mille volte ripetuto, non ha esaurito la sua carica. Anzi. Da esso deriva quella 'regola aurea' che risuona sotto ogni cielo, diversamente espressa, in lingue e tempi diversi: fai agli altri ciò che tu vorresti fosse fatto a te stesso, e, di converso, non fare agli altri ciò che non vorresti fosse fatto a te stesso. La sua larghissima diffusione colpisce, ma non è che il modo in cui l'uomo cerca la propria umanità, e tenta di definirla. È presente in tutte le tradizioni, e non soltanto in quelle religiose, come il possibile compendio di ogni insegnamento dottrinario, il cuore di ogni etica.

Una volta un pagano chiese a Hillel: 'Convertimi, a condizione che io possa imparare tutta la

> Torah nel tempo in cui si può stare ritti su un solo piede'. [...] Hillel lo convertì dicendogli: 'Ciò che a te non piace non farlo al tuo prossimo! Questa è tutta la Torah, il resto è commento; va' e studia'.
> (*Midrashim*, Shabbat 31°)

Qui siamo ancora fra le fonde radici del tessuto religioso del nostro Occidente, l'ebraismo. Ma possiamo guardare più lontano. Nel *Mahābhārata*, uno dei grandi testi dell'induismo, quella che chiamiamo la 'regola aurea' è vista come l'essenza stessa della morale, la 'somma della vera onestà': 'Tratta gli altri come vorresti essere trattato tu stesso. Non fare al tuo vicino ciò che non vorresti che egli poi rifacesse a te'.

Non molto diversamente nella predicazione di Confucio, fra il VI e il V secolo a. e. v., più o meno in parallelo con le prime manifestazioni del pensiero greco. 'Chi ha il senso della lealtà e della reciprocità' dice Confucio, 'non è lontano dal giungere alla Via: ciò che non vuole sia fatto a sé non farlo agli altri'.

Potremmo andare avanti a lungo, seguendo il filo delle diverse tradizioni, dal taoismo al giainismo, fino all'islamismo. Nelle parole e negli atti di Muhammad, gli *Hadith*, raccolti dai compagni del Profeta, e trasmessi poi attraverso le generazioni, si legge: 'Nessuno di voi è un credente fino a quando non desidera per il suo fratello quello che desidera per se stesso'.

Proviamo a rileggere la parte riguardante il giudizio nel discorso escatologico di Gesù, così come viene riportato nel *Vangelo di Matteo*. Il suo rovesciamento della comune logica mondana è evidente.

> Quando il Figlio dell'uomo verrà nella sua gloria, e tutti gli angeli con lui, siederà sul trono della sua gloria. Davanti a lui verranno radunati tutti i popoli. Egli separerà gli uni dagli altri, come il pastore separa le pecore dalle capre, e porrà le pecore alla sua destra e le capre alla sinistra. Allora il re dirà a quelli che saranno alla sua destra: Venite, benedetti del Padre mio, ricevete in eredità il regno preparato per voi fin dalla creazione del mondo, perché ho avuto fame e mi avete dato da mangiare, ho avuto sete e mi avete dato da bere, ero straniero e mi avete accolto, nudo e mi avete vestito, malato e mi avete visitato, ero in carcere e siete venuti a trovarmi. Allora i giusti gli risponderanno: Signore, quando ti abbiamo visto affamato e ti abbiamo dato da mangiare, o assetato e ti abbiamo dato da bere? Quando mai ti abbiamo visto straniero e ti

abbiamo accolto, o nudo e ti abbiamo vestito? Quando mai ti abbiamo visto malato o in carcere e siamo venuti a visitarti? E il re risponderà loro: In verità io vi dico: tutto quello che avete fatto a uno solo di questi miei fratelli più piccoli, l'avete fatto a me.
Poi dirà anche a quelli che saranno alla sinistra: Via, lontano da me, maledetti, nel fuoco eterno, preparato per il diavolo e per i suoi angeli, perché ho avuto fame e non mi avete dato da mangiare, ho avuto sete e non mi avete dato da bere, ero straniero e non mi avete accolto, nudo e non mi avete vestito, malato e in carcere e non mi avete visitato. Anch'essi allora risponderanno: Signore, quando ti abbiamo visto affamato o assetato o straniero o nudo o malato o in carcere, e non ti abbiamo servito? Allora egli risponderà loro: In verità io vi dico: tutto quello che non avete fatto a uno solo di questi più piccoli, non l'avete fatto a me.
(*Matteo* 25,31-45)

C'è dunque una differenza abissale tra compiere o non compiere un gesto verso l'altro, fra tendere oppure ritrarre la propria mano. L'omissione, il gesto mancato, può essere un peccato più grave delle azioni stesse. Dalle parole di Gesù risulta che saremo giudicati per come avremo risposto allo sguardo dell'‘eterno fratello’, al suo bisogno, alla sua fame, alla sua sete, al suo freddo, alla sua solitudine, alle sue paure. Risulta anche che vi è sempre la possibilità di distinguere tra bene e male: basta guardare verso la parte fragile del mondo, verso i più deboli, i più disperati. E, inoltre, ciò che si fa a uno solo lo si fa, in maniera per così dire ‘transitiva’, a ogni fratello o sorella della terra.

La ‘regola aurea’ scavalca l'orizzonte delle tradizioni e delle dottrine religiose, ed entra, con piccoli spostamenti di senso, nella modernità, che sembrerebbe il punto di maggior distanza dalla tradizione e dalla religione, almeno da quella istituzionale.

‘Agisci in modo che la regola della tua volontà possa valere in ogni tempo come principio di una legislazione universale’ scrive Immanuel Kant nella *Critica della ragion pratica*. E in un altro testo, non meno importante, *Fondamenti della metafisica dei costumi*, dice: ‘Agisci in modo di trattare l'umanità, nella tua come nell'altrui persona, sempre come fine, mai come semplice mezzo’.

Nel 1997, in vista del cinquantesimo anniversario della *Dichiarazione universale dei diritti dell'uomo*, viene steso un documento che suona come un completamento di quella prima dichiarazione, bilanciando maggiormente diritti e responsabilità. Così dice l'articolo 4 della *Dichiarazione universale delle responsabilità dell'uomo*: 'Tutti gli uomini dotati di ragione e di coscienza devono assumere responsabilità, in spirito di solidarietà, nei confronti di ciascuno e di tutti: cioè famiglie, comunità, razze, nazioni e religioni. Ciò che tu non vuoi che ti venga fatto, non farlo a nessun altro'.

Ecco il lungo viaggio compiuto dalle parole del *Levitico*, e dalle analoghe parole di tutte le tradizioni e di tutte le sapienze. La loro antica verità è rimasta intatta. Continua a vincolare le nostre azioni e i nostri comportamenti. Ci ricordano, quelle parole, che c'è un altro di fronte a noi, ed è il nostro specchio: 'Egli' è 'te stesso'. Gli 'occhi dell'eterno fratello' non smettono di fissarci. Ci mettono in questione. Si tratta di capire se vogliamo guardare verso il volto dell'altro, o preferiamo ignorarlo.

'L'appello che si alza da questi volti è uno solo' ha scritto Enzo Bianchi, fondatore e priore della Comunità monastica di Bose. 'Non guardateci come numeri, non accorpateci come un mucchio indistinto, non fate di noi una statistica. Ciascuno di noi è un nome e una storia, una vita e dei sentimenti, delle speranze e delle relazioni. [...] Sì, nel volto dell'altro, se accettiamo di guardarlo, c'è il nostro volto, perché l'altro siamo noi'.

Il coraggio della verità

Più di una volta abbiamo parlato del silenzio che avvolge l'esercizio del bene. Ma il silenzio, dove quasi naturalmente tende a collocarsi il 'giusto', può assumere in alcuni contesti un diverso significato. Può risultare complice, omertoso. Ci può essere un silenzio vile, per esempio, che può arrivare a uccidere il bene. Talvolta rompere il silenzio è necessario. È necessario alzare un grido. Non può sempre tacere il bene. Non può sempre rimanere nascosto. Deve assumersi il suo rischio. Quando la storia mette alle strette, occorre, a volte, trovare le parole, uscire dal silenzio, venire allo scoperto. Dire una verità taciuta. Portare alla luce una verità sepolta.

Viene il momento in cui una verità, per essere efficace, deve emergere in superficie. Uscire fuori dal suo nascondiglio. Non a caso nei *Vangeli* si usa l'espressione 'fare la verità' (*Giovanni* 3,21; *1Giovanni* 1,6). La verità non è solo parola. Produce cose, mutamenti. A volte non costa nulla dire la verità. Un piccolo sforzo del cuore: vincere inerzia, pigrizia. A volte può costare anche molto. Anche la vita.

Non sapeva Armin Wegner che cosa gli sarebbe costato dire la verità. E tuttavia non ha potuto tacere. Non ha voluto.

Nel 1915, quando ha inizio il genocidio degli armeni, Wegner è un ufficiale del Servizio sanitario tedesco in appoggio all'esercito turco. Germania e Turchia sono alleati. Si è arruolato l'anno prima, nel 1914, quando ha inizio la Prima guerra mondiale. Non è un militare di professione, è un artista, uno scrittore, un uomo irrequieto. Ma gli piace pensare di poter essere utile ad altri. Viene trasferito in Medio Oriente, fra Siria e Iraq. E lì Armin Wegner va incontro a qualcosa di enorme: l'assassinio di un intero popolo. È la 'via senza ritorno', che s'inoltra nel deserto siriano, dove i turchi hanno spinto centinaia di migliaia di armeni di tutte le età. Il resoconto che Armin Wegner ci lascia non è soltanto un paesaggio d'orrore, è un'apocalisse dell'umano:

> Morivano assassinati, derubati, fucilati, impiccati, avvelenati, pugnalati, strangolati, consumati dalle epidemie, annegati, assetati, imputriditi, divorati dagli sciacalli. Bambini morivano piangendo, uomini si sfracellavano sulle rocce, madri

> gettavano i loro piccoli nei pozzi, donne incinte si gettavano cantando come impazzite nell'Eufrate. Morirono tutte le morti della terra, le morti di tutti i secoli.
> Ho visto persone impazzite che mangiavano i propri escrementi, donne che cuocevano il corpo dei loro bambini appena nati, ragazze che sezionavano il corpo ancora caldo delle loro madri per cercare nell'intestino dei morti l'oro ingoiato per timore di gendarmi rapaci. [...] E tuttavia questa è solo una piccola parte di quello che io stesso ho visto, di quello che mi hanno raccontato conoscenti o viaggiatori o di quello che ho sentito dalla bocca degli stessi deportati.

Questo vedono gli occhi di Wegner, immagini che si porterà appresso per tutta la vita, come un peso che gli schiaccia l'anima. Non accetterà mai il male che ha visto. Comunque non lo vuole tenere per sé. Non vuole tacere. Fa appelli, scrive lettere e soprattutto comincia a far circolare le centinaia di foto che ha scattato in Medio Oriente e che oggi sono conservate a Yerevan, al Museo del genocidio degli armeni. Per sottrarsi al controllo dei turchi, ma anche dei suoi superiori, che ormai diffidano di lui, nasconde i negativi nella cintura, e riesce a portarli con sé, quando fa ritorno in Germania.

Il mondo saprà quello che ha visto. Non gli basta: il 23 febbraio del 1919 Wegner scrive al presidente degli Stati Uniti, Woodrow Wilson, perché lo aiuti a sensibilizzare il mondo su quella tragedia, e per mettere in guardia il mondo: quello che è accaduto nel deserto siriano potrebbe accadere anche in Europa. Non avrà risposta. E non avrà risposta neppure dal cancelliere del Terzo Reich, Adolf Hitler, al quale si rivolge nell'aprile del 1933. Una lettera scritta in difesa degli ebrei minacciati, ma anche in difesa della dignità della Germania, che potrebbe per sempre venire offuscata e travolta se si spingesse a compiere un nuovo genocidio. Con toni accorati Wegner comunica a Hitler la sua preoccupazione per il 'destino degli ebrei' in Germania. E per il destino della Germania stessa nella storia.

Ci sono passaggi di questa lettera che colpiscono per la loro assoluta ingenuità. Wegner non sembra avere il minimo sentore della persona alla quale si rivolge e delle sue intenzioni criminali, che, nel 1933, erano già del tutto manifeste. A Hitler chiede di farsi protettore del popolo ebraico!

> Signor Cancelliere del Reich, non si tratta solo del destino dei nostri fratelli ebrei. Si tratta del destino della Germania! Protegga la Germania

> proteggendo gli ebrei. [...] Riporti i ripudiati nei loro uffici, i medici nei loro ospedali, i giudici nei tribunali, non chiuda più le scuole ai bambini, guarisca i cuori afflitti delle madri, e non solo l'ebreo, tutto il popolo tedesco La ringrazierà. [...] La scongiuro! Difenda la nobiltà d'animo, la fierezza, la coscienza senza le quali noi non possiamo vivere, difenda la dignità del popolo tedesco!

Ma forse non si tratta d''ingenuità'. Possiamo ipotizzare che non necessariamente Wegner voglia ottenere quello che chiede, per gli armeni o per gli ebrei. Forse vuole soltanto far sapere quello che è accaduto e sta per accadere, vuole portarlo alla luce, richiamando alle sue responsabilità chi detiene il potere.

Certo, armeni ed cbrei sono stati massacrati. La protesta di Wegner non è bastata a fermare gli assassini. Non ha salvato quelle vite. Ma è stata inutile o velleitaria? Pensiamo di no: se non ci fosse stata la voce solitaria, a tratti disperata, di Armin Wegner, i suoi tentativi di smuovere le coscienze, se quelle povere vite, fissate dallo scatto dell'obbiettivo, non avessero avuto nemmeno la dignità del ricordo, allora sì che il mondo sarebbe stato deturpato per sempre. E che Wegner, ex ufficiale del Reich, nella sua ‘ingenua’ lettera del 1933 a Adolf Hitler, si sia mosso in difesa del popolo ebraico minacciato, senza considerare a chi rivolgeva la sua supplica, resta un atto di sublime coraggio, un’impennata di dignità in una Germania ipnotizzata dalla propaganda, perché il suo Paese non fosse ferito per sempre dall’abominio che si poteva già intravvedere. Proteggendo gli ebrei, Hitler avrebbe potuto difendere la dignità della Germania, ha scritto Wegner. Non è accaduto: all’annientamento degli ebrei, ha fatto seguito la dissoluzione della Germania e della sua stessa dignità.

Eppure qualcosa si è salvato, un piccolo resto, un ‘brandello d’orecchio’, come si dice in un passo biblico che abbiamo ricordato. Nulla di più: i volti delle vittime, il loro grido d’accusa, e la possibilità di chiedere giustizia. E verità. *Fare* verità, come si dice nel *Vangelo*, svelare gli inganni, portare alla luce il dolore che si vuole tenere nascosto. Perché questo sia possibile è necessario che una voce spezzi il silenzio acquietante e omertoso, mostrare che si può dire no invece che sì. Trovare questa voce è *fare* del bene. È certamente poco, ma non è inutile. E se oggi siamo in grado di ricordare e di giudicare il genocidio del popolo armeno, è perché Wegner ce lo ha fatto vedere, ne ha custodito l’orrore come fosse un tesoro prezioso. E per tutta la sua esistenza sarà ossessionato dalle immagini che ha custodito in sé. I suoi figli raccontano che si svegliava di notte gridando. Non seppero mai, fino al giorno della sua morte, che cosa inquietava i sogni del padre.

Che cosa ha fatto Wegner? Poco, 'quasi niente'. Ma ci sono tempi in cui salvare 'quasi niente' è salvare quasi tutto. E quello che rimane, rimane per sempre. Come memoria di una vita che è stata sulla terra. E come spina conficcata nel cuore di chi non vuole riconoscere la realtà del male. Nella sua stanza, in una torre dell'isola di Stromboli, dove ha passato gli ultimi anni della sua vita, Wegner ha inciso una frase, tratta dalla tradizione rabbinica: 'Non sta a te compiere l'opera, ma non sei libero di sottrartene'.

Vive in questa contraddizione il bene: nessuno è in grado di calcolare i suoi risultati. Nessuno fin dove potrà arrivare. Ma là dove arriva esso sposta l'equilibrio del mondo.

Fare ciò che è giusto

Ecco, ancora, il 'prezzo' della verità, il 'costo' del bene. Un 'prezzo', un 'costo' che talvolta possono essere quasi nulla: un sorriso, un gesto, una piccola fatica in più. Ma quando la storia diventa un 'grande mattatoio', il prezzo si alza a dismisura, e diventa quello della vita.

In ogni tempo, uomini e donne hanno rinunciato alla quiete di case calde e di vite protette, hanno abdicato alla sicurezza del loro avvenire, alla tranquillità di convinzioni radicate, di destini già tracciati, per non tradire l'umanità, per far salva la libertà di tutti, la speranza, la pace delle vite altrui, per stare dalla parte di chi non ha niente, per fare 'ciò che è giusto', come diceva il pastore luterano Dietrich Bonhoeffer.

Nei pochi anni in cui è vissuto, Bonhoeffer ha elaborato una nuova consapevolezza dell'essere cristiani, in un mondo divenuto 'adulto': senza infantilismi, senza magie, senza superstiziose consolazioni. Ma con una radicale scelta nei confronti dell'ultimo, del debole, del povero. È poi questo che lo spinge a partecipare alla congiura per uccidere Hitler organizzata dall'ammiraglio Wilhelm Canaris. Un pastore, un uomo di Dio, decide di portare il peso di un assassinio, una 'colpa oggettiva' per quanto si tratti di un tiranno.

L'esito della congiura contro il tiranno, contro Hitler, sarà catastrofico. Tutti i congiurati verranno arrestati e uccisi. Bonhoeffer andrà incontro alla morte per impiccagione in piena serenità, come testimonieranno i suoi compagni di cella, consapevole di aver fatto 'ciò che era giusto' fare. 'Tutto sta nel rispondere alle esigenze della vita in tutte le sue dimensioni' scrive in un suo testo del 1942, dove ritroviamo lo *sguardo* di cui raccontava Stefan Zweig. Non c'è, ovviamente, una grande affinità tra il raffinato scrittore Zweig e il teologo esigente Bonhoeffer. Ma nel sentirsi attratti e giudicati dagli 'occhi dell'eterno fratello' sembrano incontrarsi. 'Quello che io so l'ho imparato dagli infelici' scrive Stefan Zweig, 'e quello che io ho visto l'ho scorto attraverso lo sguardo del torturato'. Non è lontano da questa sapienza, o da questo sguardo, il pastore Dietrich Bonhoeffer che dice di 'aver imparato a guardare i grandi eventi della storia universale dal basso, dalla prospettiva degli esclusi, dei sospcttati, dei maltrattati, dei derisi, in una parola dei sofferenti'.

In basso, nel mondo, si accumula ingiustizia, e il bene, il poco di cui siamo capaci, non arriva a contenere la sua corrente impetuosa. A chi non è capitato di guardare al mondo con gli occhi del saggio Qohélet, la figura che sta al centro di uno dei grandi libri sapienziali della Bibbia? La sua amara lucidità, il suo esercizio scettico, possono sembrare, a tratti, impietosi, distruttivi. È come se Qohélet togliesse la pelle al mondo, ne bucasse la superficie, per osservare direttamente che cosa si muove nelle sue viscere. Qohélet agisce come un anatomista, lacera, seziona, affonda la lama sottile del suo bisturi nel corpo del mondo per scoprire che cosa occupa il suo cuore vuoto: ‘Sono tornato a considerare tutte le oppressioni che si fanno sotto il sole. Ecco le lacrime degli oppressi, e non c’è chi le consoli. Dalla parte dei loro oppressori sta la violenza, ma non c’è chi li consoli’ (4,1).

Ma ‘guardare il mondo dal basso’ non significa arrendersi all’iniquità degli oppressori. Significa, al contrario, desiderare che le lacrime degli oppressi siano asciugate. E magari provare ad asciugarne qualcuna.

Un sogno infranto al Cairo

Avere il coraggio di dire la verità. Fare ciò che è giusto. In tempi più o meno normali non dovrebbe necessariamente implicare il rischio della vita. È un sogno che molti ragazzi e ragazze perseguono, senza dare troppo nell’occhio, semplicemente scegliendo di abitare un angolo di mondo, dove poter prestare la propria opera, mettere il proprio talento al servizio di chi ne ha bisogno, immaginare un mondo un po’ più bello, un po' più pulito, con un po' meno tristezze, con maggiore efficienza, con un po' più di gioia. Per questo scelgono di diventare medici o economisti, ingegneri o insegnanti, infermieri o architetti, astrofisici o antropologi, coltivatori o cuochi, scelgono di coltivare un'arte: musica, pittura, poesia, cinema, grafica, giardinaggio... Accade che in questi tempi di accessibile mondialità siano attratti da Paesi stranieri, da Paesi in cui sentono più urgente il bisogno di comprendere i meccanismi che li governano, più pressante la necessità di intervenire, di offrire in dono i loro studi, le loro ricerche, la loro attività, il loro sogno, appunto.

Anche Giulio Regeni aveva un sogno così. Non astratto, e non furioso, come a volte accade nei ragazzi della sua età. Un sogno ragionevole, intelligente: conoscere il mondo che amava, capirne i funzionamenti, fornire gli strumenti per correggerne le storture, per aprire nuove possibilità e nuove positività ai cittadini del mondo. In definitiva – crediamo lo si possa dire senza enfasi – la ricerca di Giulio Regeni, come quella di molti altri, nasceva da un amore per il mondo, dal sentirsi interpellato dal mondo, in debito, in qualche misura, con il mondo, e dal bisogno di portarvi un po' più di verità e un po' più di giustizia. In particolare, dopo aver studiato a Trieste, negli

Stati Uniti e nel Regno Unito, si era trasferito al Cairo, per continuare le sue analisi su alcuni settori della società egiziana. Appassionato della regione, aveva anche studiato l'arabo perché la sua esperienza fosse più piena e più efficace. Una immersione piena di entusiasmo e di serietà, di studio e di slancio.

Ma il sogno di Giulio si è infranto quando la sua passione di verità e di giustizia si è fatta notare dagli apparati nazionali per la sicurezza. Che avendo in spregio verità e giustizia si guardano bene dal guardare dentro gli occhi dell''eterno fratello', e come tutti i burocrati del male sono sordi alle grida dei torturati, insensibili a ogni pietà e diritto.

Giulio Regeni è stato trovato cadavere, un paio di settimane dopo la sua scomparsa, seviziato a morte, straziato, deturpato, irriconoscibile, sotto un cavalcavia alla periferia del Cairo. Da quell'angolo anonimo di città è iniziata una ridda di menzogne, di occultamenti, di informazioni distorte, di negazioni che hanno messo in una luce sinistra il governo di un Paese di antica civiltà come l'Egitto. La famiglia Regeni, esemplare per dignità e compostezza, e lo stato italiano hanno chiesto con fermezza, senza demordere, che sia fatta, appunto, verità e giustizia.

Ma sappiamo che cosa accade quando si muovono gli apparati di sicurezza di uno stato. In un Paese dall'equilibrio precario, il cui governo si è spesso mosso come una banda criminale, verità e giustizia contano davvero poco.

E dunque la vita di Giulio, strappata al suo futuro, rimane così, lacerata, fissata tra il ricordo del suo sorriso e l'immagine di quel corpo abbandonato sul ciglio di una strada di periferia, in un fosso, e quel volto, sul quale la madre ha dichiarato di aver visto «tutto il male del mondo».

E tuttavia, anche se nella storia di Giulio la vita mostra il suo lato più torbido e straziante, malgrado tutto siamo ancora spinti a dire: «La vita non è il male». E dirlo può apparire una indebita forzatura, o una consolazione di poco conto. Ma il sogno di verità e giustizia per cui Giulio è morto non è stato cancellato come i tratti del suo volto. Un sogno chc certamente è rimasto irrealizzato, come molti dei sogni fatti sulla terra, un sogno tragicamente infranto, e dunque un debole sogno, ma così forte da sfidare la morte.

Amore e verità si incontreranno
giustizia e pace si baceranno.
Verità germoglierà dalla terra
e giustizia si affaccerà dal cielo.
(*Salmi* 85,11-12)

Anche nel linguaggio visionario e profetico dei *Salmi* biblici verità e giustizia sono un sogno proiettato in un tempo fuori dal tempo. Ma non per questo non hanno profilo di realtà. Verità e giustizia non possono stare disgiunte. Dalla loro congiunzione soltanto si può sperare di generare la pace. Il primo passo verso la giustizia è quello di fare verità. Il primo passo verso la verità è quello di porgere giustizia a chi ne è stato privato. Non è possibile neppure immaginare un cammino verso la giustizia senza che vi sia anche un processo di accoglienza della verità. Solo quando ci si sarà accostati alla verità si potrà, eventualmente, portare giustizia.

Lo hanno mostrato con chiarezza, in passato, anche le varie commissioni per la verità e riconciliazione che hanno operato nel Sudafrica dopo la fine dell'apartheid, nel Ruanda alla fine del genocidio, nella ex Jugoslavia alla fine dei massacri, quando si è asciugato il sangue. Si potrà obiettare che queste operazioni non hanno placato gli odi, non hanno risolto i conflitti, non hanno generato una vera pace. Solo una sorda tregua, talvolta con un ribaltamento delle parti. Questo è vero, ma non perché fosse sbagliata la via. Soltanto perché è fragile, insicuro il cammino intrapreso, come hanno raccontato molti dei protagonisti di quelle sedute, di quegli incontri, dove i volti finalmente si guardavano, di quelle parole che si mischiavano. E perché la volontà politica non è stata abbastanza forte da sostenere fino in fondo quel tentativo, il desiderio dei singoli troppo debole rispetto al rancore e alla brama di vendetta, l'amore troppo debole per sostenere verità e giustizia. Ma quella era, e rimane, l'unica strada percorribile.

Un altro motivo di consolazione – se ci si può sentire consolati di fronte a una vita giovane calpestata dai ciechi e stupidi fautori dell'odio – è che la morte di Giulio ha messo in moto in pochi giorni una catena mondiale di solidarietà con la famiglia, di iniziative per chiedere chiarezza, di mobilitazione per smontare gli orribili segreti di stato che ha coinvolto cittadini e cittadine, giovani o anziani, da Barcellona, da New York, da Amsterdam, dall'Egitto, dall'Australia. Questo ci mostra come il mondo che crediamo addormentato nell'indifferenza sia ancora capace di un sussulto di rivolta per la dignità dell'uomo. Anche perché il caso di Giulio è solo quello su cui si è acceso più clamore per diverse contingenze. Ma sono centinaia le persone scomparse in Egitto in pochi mesi. E anche per quelle si chiede verità e giustizia.

Ancora qualcos'altro ci consola. La sciagura accaduta a Giulio e alla sua famiglia e ai suoi amici ci obbliga a ricordare quanti ragazzi e ragazze come lui, e per fortuna meno sventurati di lui, sono oggi in giro, per le strade del mondo, nei centri di ricerca o già sui luoghi di lavoro, a portare la loro carica di intelligenza, di generosità, di bellezza, di stupore, di conoscenza, a costruire invece che a distruggere, a curare invece che a ferire, a dar vita a qualcosa invece che a dare morte. Sognano soltanto di essere gentili con la vita. E di restituire con gratitudine il tanto che sentono di aver ricevuto.

Anche la gratitudine è una modalità di relazione all'altro. Contrasta la chiusura, apre l'intelligenza, rafforza la risposta al male. Chi è grato sa di non essere al centro dell'universo, ma un minuscolo grumo di terra che solo in relazione a tutto ciò che esiste acquista un senso e una ragione. Chi è grato riconosce la propria dipendenza da altri, non confida troppo sul suo agire, mette a frutto ciò che gli è stato donato, accoglie la bellezza che il mondo, nonostante tutto, offre. Chi è grato non attende retribuzione a ciò che fa. Fa, e procede, per passione di questa povera terra e di tutta la bellezza e la ricchezza che essa gli concede. Chi è grado mette il mondo, e l'altro, davanti a se stesso, e non si china a leccarsi le ferite. È questa gratitudine che permette, nonostante tutto, che questo mondo zoppicante possa ancora essere lodato.

'La vita procede per strepiti e strappi, sciagure e fanfare' scrive un poeta dei nostri giorni, Franco Marcoaldi, le cui parole, soprattutto nel suo ultimo poemetto, *Il mondo sia lodato*, si applicano a smuovere le zolle di negatività che formano il nostro comune *humus*, che gravano sulla nostra 'terra desolata', l'arida spianata d'Occidente, in cui, comunque, continuano a risplendere

> schegge di bontà senza ritorno, piccole crepe
> nel grande mare dell'indifferenza,
> spicciole figure di immortalità
> figlie di debolezza, granelli
> di sabbia che si librano
> nel vento a inceppare
> il meccanismo feroce
> e onnipresente del maligno.

Il bene, nel mondo, resiste, nonostante tutto, anche in virtù dell'esser grati.

5
Reti di fratellanza

Costruire la *polis*

Disseminati nel mondo, silenziosi, occultati, i semi del bene danno il loro frutto. Un frutto sporadico, a volte, che splendidamente matura in solitudine. Altre volte una serie di frutti che insieme fanno un piccolo fertile raccolto. Il bene, lo si è visto, può essere generato da uno strappo, un salto, una decisione improvvisa, spesso azzardata. Poi però ci sono la continuità, la perseveranza, la costruzione paziente nella vita di tutti i giorni. È lì che le cose si fanno più difficili, è lì che il bene offre il suo volto più faticoso, nella tenacia, nella promessa mantenuta e ripetuta, nel terreno scosceso e inesplorato che si estende dopo il primo movimento, dopo la mano tesa. È possibile andare oltre quel primo gesto verso l'altro per comporre una sinfonia di segni orientati al bene di tutti? In altre parole, ci chiediamo: la bontà è solo un fatto individuale? È solo dentro il cuore che si produce il bene, come una combustione che arde, accesa da un volto, da uno sguardo, da una memoria? È solo ‘illogico’ o ‘insensato’ il bene, come un fiore pazzo che nasce spontaneo nei cuori più semplici? Non è possibile pensare un bene in grado di andare oltre il solco della vita personale? Animare un progetto che potremmo chiamare, con larga approssimazione, ‘politico’? Dopotutto, ‘politico’ indica ciò che si manifesta dentro lo spazio della *polis*, nella comunità degli uomini.

Ci chiediamo allora se non sia possibile immaginare uno spazio collettivo in cui edificare una comunità dei viventi, una città degli uomini e non un agglomerato di lupi ringhiosi l’uno contro l’altro.

È proprio inevitabile che un ‘progetto politico’ sfoci in un esercizio distorto del potere? Non sarebbe pensabile una ‘pedagogia del bene’, senza che si sviluppi in una forma di totalitarismo o comunque di oppressione? E d’altra parte perché mai allontanarsi come è accaduto, almeno in Occidente, dalle strade tracciate dai grandi ideali sociali, o dai grandi insegnamenti religiosi, dovrebbe necessariamente significare allontanarsi dalla via del bene? O lo possiamo trovare altrove il bene? È possibile che i grandi sogni sociali, le grandi religioni non siano sufficienti a guidarci, come hanno sempre promesso, sulla strada della vita?

Del fallimento dei grandi ideali sociali, delle 'utopie', delle 'ideologie' abbiamo fatto cenno quando ci siamo imbattuti nelle spaventose dottrine che hanno sfigurato e travolto il secolo passato. Ma pensiamo anche alle grandi religioni, che sono state elaborate, tutte, per fornire un sentiero di bene per l'umanità. Il pensiero di un Dio – o di una 'via' – che orienti il cammino degli uomini ha sempre accompagnato l'umanità. Possibile che non ne sia scaturito un 'bene comune', un bene per la comunità degli uomini? La 'Parola di Dio', o i sentieri delle sapienze, non sono stati sufficienti a garantire il fiorire di un bene vasto, 'organizzato', 'progettato' sulla terra?

Occorre fare almeno due considerazioni.

La prima: affinché le religioni realizzino la loro vocazione di critica dell'ingiustizia, della violenza, dell'arbitrio, e siano portatrici del bene che esse proclamano, devono esercitare in primo luogo una vigile e costante critica delle loro stesse espressioni. Guai a fossilizzarle in formule o in dottrine. Guai a scorporare alcune parole dai diversi contesti che le contengono. Guai a impadronirsene ritenendo di averne catturato una volta per tutte il senso. Guai a imporle agli altri – a quelli che appartengono a culture diverse e percorrono strade diverse dalle nostre, in ascolto di parole diverse – ritenendole gli unici percorsi possibili. Guai, soprattutto, a farne strumenti di prevaricazione o a farle imbrigliare dall'esercizio del potere.

Se, non lasciando mai la presa della riflessione critica, si tiene insieme l'idea di giustizia con quella del bene comune, scorporandola dai mezzi iniqui che, talora, sono stati usati per ottenerla, allora possiamo arrivare a vedere che le grandi tradizioni religiose contengono, al loro interno, una fondamentale denuncia dell'ingiustizia, e ad alta voce esse propongono una giustizia che passa attraverso la formulazione di una Legge e non attraverso l'arbitrio e le pulsioni distruttive; un'uguaglianza di diritti per tutte le creature; una attenzione ai deboli e ai poveri; una attitudine rispettosa e amorevole *verso l'altro* che è 'proprio come siamo noi'; e ci propongono di fare profezia di un mondo a venire che non sia necessariamente un 'regno dei cieli', ma in cui sia possibile sanare le storture del mondo che già abbiamo.

La seconda considerazione ci conduce su un piano più soggettivo. È vero che ci possono essere persone più o meno inclini al bene, o persone più o meno attratte dal male. Ma viene per tutti il momento in cui si presenta la possibilità di una scelta. La scelta – la decisione – non è mai un'esperienza pacificata, e non è mai immune da errori. Nessuno potrà mai darci certezza che la decisione che stiamo per prendere sia quella migliore. Dobbiamo noi assumercene il rischio, sapendo che da ogni risoluzione possono germinare drammi, conflitti, divergenze, lacerazioni. Fra noi e gli altri, ma anche soltanto dentro di noi. E tuttavia alla libertà non c'è scampo.

Può risultare utile rileggere questo passo della Torah:

> Questo comando che oggi ti ordino non è troppo alto per te, né troppo lontano da te. Non è nel cielo, perché tu dica: Chi salirà per noi in cielo, per prendercelo e farcelo udire e lo possiamo eseguire? Non è di là dal mare, perché tu dica: Chi attraverserà per noi il mare per prendercelo e farcelo udire e lo possiamo eseguire? Anzi, questa parola è molto vicina a te, è nella tua bocca e nel tuo cuore, perché tu la metta in pratica.
>
> Vedi, io pongo oggi davanti a te la vita e il bene, la morte e il male; poiché io oggi ti comando di amare il Signore tuo Dio, di camminare per le sue vie, di osservare i suoi comandi, le sue leggi e le sue norme, perché tu viva e ti moltiplichi e il Signore tuo Dio ti benedica nel paese che tu stai per entrare a prendere in possesso. Ma se il tuo cuore si volge indietro e se tu non ascolti e ti lasci trascinare a prostrarti davanti ad altri dèi e a servir-

> li, io vi dichiaro oggi che certo perirete, che non avrete vita lunga nel paese di cui state per entrare in possesso passando il Giordano. Prendo oggi a testimoni contro di voi il cielo e la terra: io ti ho posto davanti la vita e la morte, la benedizione e la maledizione; scegli dunque la vita, perché viva tu e la tua discendenza.
> (*Deuteronomio* 30,11-19)

Una scelta di vita. Una scelta di bene. Ma nel terreno di una rischiosa libertà. Nessun comandamento, nessun precetto, nessuna ammonizione potrà porci al riparo da questa libertà, né darci la garanzia assoluta che l'avremo bene interpretata, bene eseguita. Non è facile distinguere e capire. Non è facile scegliere e decidere. Il peso della libertà talvolta è troppo grande. Si è soli nella libertà. Si sbaglia nella libertà. Si può desiderare il bene e fare il male. Si può fare del nostro dio un dio malvagio. Si può inseguire un sogno di perfezione dimenticando la compassione e l'umiltà. Ci può confondere la Parola di Dio male ascoltata. Può farci dimenticare che siamo fatti di un impasto di stelle e di fango. Può farci travisare che siamo umanità. È sufficiente un piccolo sbilanciamento nell'equilibrio difficile sulla via del bene, perché la vista si offuschi, e ci dimentichiamo che 'l'altro è come noi stessi', che è l'altro la misura del bene che vogliamo fare nel mondo. I progetti politici si sono affannati, come le vie religiose, a costruire morali, a stilare regole, a farsi guardiani delle coscienze. Dimenticando che la 'prova' della efficacia della Parola di Dio – o della 'sapienza' – è se costruisce o no fraternità. Nella giustizia e nella libertà.

Come è possibile allora, sulla base di una decisione 'senza sponde' e di un atteggiamento di incessante 'critica', costruire una città per gli uomini, un aggregato di comunità in cui la giustizia non sia prevaricazione o sopruso, in cui la libertà non sia arbitrio o capriccio, in cui la fratellanza non sia un astratto ideale, ma sia effettivamente praticabile? È possibile costruire un progetto che sia stabilmente orientato al bene? Realizzare un 'bene comune' senza far sì che sovrasti o soffochi la libertà degli individui? Pensare il bene della città che sia bene per ognuno dei suoi abitanti?

Ci sono soltanto risposte provvisorie. Nulla, proprio nulla di definitivo. Si può *tentare* di vivere una vita buona senza scomodare le grandi fuorvianti idealità del bene, tentare di fare ciascuno una cosa buona per accrescere, anche se in infinitesima misura, la vita buona degli altri uomini, delle altre donne. Il bene, lo abbiamo visto, non si può fermare su chi lo fa. Non prende forma in un circuito chiuso, dove è destinato solo a imputridire. È un movimento, il bene: nasce da un volto che ci guarda, e verso un volto va. Questo è tutto ciò che possiamo sapere.

Non è né poco, né riduttivo. È soltanto *misurato*. Ma è *smisurato* nella prodigalità dell'operare. *Bene* agire. *Bene* eseguire. *Bene* amministrare. *Bene* governare. Chi bene opera sa che occorre creare e costruire, rimuovere pesanti zolle d'inerzia mentale, prendere di petto l'accumulo dei privilegi acquisiti, per offrire a tutti una chance.

Non sarebbe, già questa, 'grande politica'? Un orizzonte circoscritto e, al tempo stesso, vastissimo, l'orizzonte in cui si muovono tutte le più autentiche progettualità educative. Distillare gocce, seminare minuscoli grani, tessere reti. Questo possiamo fare. È la piccola fionda con cui colpire i Golia che esercitano il potere, vivendo di arroganza, e spesso di sopraffazione.

Sappiamo di trovarci di fronte a nuove svolte della storia. Occorrerà provare a percorrere sentieri nuovi, sapendo però che le grandi vie falliscono sempre. Ma i piccoli obiettivi, i compiti minuti, ma aperti e costruttivi, senza troppe pretese, che hanno davanti a sé il volto di un fratello si contaminano l'un l'altro. Ci può essere un passaparola anche del bene, che arriva a creare nuclei di protezione per i più deboli, sottili, quasi invisibili fili di solidarietà, di reciproco riconoscimento e sostegno, che si possono dilatare e moltiplicare all'infinito. Gesti che creano speranza, fanno comunità, generano reti di fraternità.

La difficile fraternità

È parola difficile 'fraternità'. Dietro una coloritura così zuccherosa che finisce per essere ambigua, 'fraternità' è un termine aspro, che promette fatiche e battaglie, e un profilo di consolazione solo alla fine di un laborioso percorso. Forse è per questo che *fraternité*, uno dei tre vessilli sui quali si fondava il 'programma' politico della Rivoluzione francese, è stato da subito il più negletto, il più tradito. Se ne è sottovalutata la portata, ritenendolo qualcosa di attinente a una sfera troppo intima e privata. Oppure si è ritenuto che fosse irrealizzabile. O ancora lo si è vissuto come una concessione a ideali troppo altisonanti, a un consunto retaggio religioso rispetto all'esigenza irrinunciabile e severa di *liberté* ed *égalité*. Sta di fatto che *fraternité* è stata la prima a cadere, sotto i colpi del terrore giacobino.

Anche oggi l'idea di fraternità sembra chiusa in un angolo, accerchiata dall'individualismo che marca i nostri anni. Ma qua e là tenta qualche significativa sortita. Il suo caldo respiro torna a farsi sentire. Il filosofo francese Régis Debray ha parlato di 'un momento fraternità' come del luogo cruciale del tempo a venire. L'economia ha fagocitato l'intera nostra socialità, ma essa cerca nuove aperture: l'economia non è sufficiente ad alimentare e a sostenere il legame sociale. Occorre ritrovare la 'forza del noi' e il suo dinamismo affettivo.

La fraternità è un sogno che ha fatto lievitare il cuore degli uomini, ma, come ogni grande sogno, può conoscere bruschi risvegli, il 'fratello' può rovesciarsi in un attimo in 'rivale' o in 'nemico'. I protettivi focolari domestici si trasformano facilmente in uno spazio di contesa e di lotta, i vincoli di sangue o di elezione possono diventare lacci mortali. Quante volte si è manifestata questa mostruosa metamorfosi, e quante volte l'impeto della fraternità si è ripiegato su se stesso. Ma non è mai uscita di campo, ha continuato a tentare gli uomini. La fraternità, potremmo dire, è nel movimento della vita. L'uomo che riconosco come parte di me, mio uguale, è il perno della mia stessa sopravvivenza.

L'essere fratelli e sorelle implica un senso di solidarietà elementare che è imprescindibile in ogni umana comunità. Non è immaginabile che si possano esercitare i diritti di libertà e di uguaglianza senza provare anche un sentimento di fraternità-sororità che accomuni tutti in uno stesso destino su questa terra.

Certamente va fatto un percorso lungo e impegnativo dal sentimento di fratellanza nell'ambito naturale e familiare a quello di una comunità civile a quello infine di una comunità universale. Ma, come spesso accade, traslocare da una dimensione all'altra – dal concreto al simbolico, e viceversa – accresce la comprensione. Ancora una volta il racconto biblico può fornirci una chiave di lettura del rapporto fraterno come costruzione di comunità. Anche qui è irta di spine la strada per il riconoscimento della solidarietà tra fratelli.

L'inizio delle generazioni è segnato da un dramma. L'odio di Caino per Abele. La gelosia di Caino verso Abele viene subito suggerita dalle parole di Eva alla nascita del primo figlio: 'Ho acquistato un uomo grazie al Signore' (*Genesi* 4,1). Un uomo è il primo figlio per la madre. La nascita del fratello lo spodesta. Caino non sopporta di vedersi spodestato una seconda volta, quando il Signore preferisce le offerte di Abele alle sue.

Chissà se il destino di Caino ha a che fare con il 'lavoro del suolo', con il mestiere agricolo, che da subito traccia una strada distinta da quella di Abele, il pastore di greggi. È nell'agricoltura che gli studi antropologici rilevano, nella fase cruciale del passaggio dal Paleolitico al Neolitico, l'invenzione, per così dire, del superfluo, dell'accumulo, del possesso. È l'agricoltore che scova il modo di produrre cibo che va oltre il sostentamento immediato, coltiva per vendere, immagazzina, fa ricchezza, e produce brama. Nel brevissimo episodio tutto dice in Caino la bramosia di possedere, ampliare, accumulare. Non a caso Caino sarà poi costruttore di città. E se la prima cosa da ampliare per Caino è lo spazio intorno a sé non si fa problema di togliere di mezzo il fratello alzando la mano su di lui. Il sangue di Abele, il cui nome diceva il soffio di qualcosa che svanisce, e che non avrà eredi né discendenza, verrà raccolto dalla terra, in memoria di un mite che evapora in una rugiada senza tempo.

Ma la storia non si ferma ai primi fratelli e al primo omicidio. Comincia da lì una lunga serie di tormentate fratellanze, nelle quali – lungo tutti i cinquanta capitoli della *Genesi* – si potrà leggere la fatica dell'essere fratelli, ma anche la sua imprescindibile necessità per il vivere umano.

Ad Abramo il Signore aveva promesso una discendenza numerosa quanto le stelle del cielo. 'In te saranno benedette tutte le famiglie della terra' (*Genesi* 12,3) gli aveva garantito annunciandogli che da lui sarebbe uscita una 'grande nazione'. Ma ecco, la promessa tarda a compiersi, e la moglie Sara, per non lasciare Abramo senza figli, lo sollecita a unirsi alla schiava egizia Agar, per poter godere, nella famiglia così allargata, una sostituzione di maternità. Da Agar nasce Ismaele, il primo figlio di Abramo. Il suo nome significa 'Dio ascolta'. Ma Dio non sembra ascoltare la voce di quella discendenza. Sarà poi Sara ad avere, nella vecchiaia, il discendente legittimo di Abramo, Isacco, 'colui che ride'. Sara si ingelosisce al solo vedere che i due bambini giocano insieme.

> I bambini di Abramo giocavano con le conchiglie,
> varavano barchette di madreperla;
> poi Isacco si appoggiò turbato a Ismaele,
> tristi cantarono i due cigni neri
> tutto incupendo il mondo variopinto
> e Agar la ripudiata rapì suo figlio...

Così la poetessa Else Lasker-Schüler dipinge la nascita dell'inimicizia tra i due popoli, nati da una stessa progenie, ma destinati a contendersi le stesse terre e lo stesso Dio. Non i protagonisti stessi, Ismaele e Isacco, si contrastano e competono fra loro, ma le trame di chi li precede e li domina nelle quali si trovano impigliati senza saperlo. Sara ordina ad Abramo di cacciare la schiava e suo figlio, perché non possano contaminare il suo erede legittimo. Abramo tristemente la asseconda, compiendo, nei preparativi per il viaggio, gli stessi gesti che compirà più tardi quando accompagnerà il figlio Isacco fin sulla soglia del sacrificio. Agar e il bambino vagano per il deserto, stremati dalla sete, vicini alla morte. Allora, in quel momento, 'Dio ascolta'. Apre gli occhi di Agar. Le mostra un grande pozzo d'acqua a cui può dissetare il bambino. Anche di lui farà una grande nazione. In questo caso nessuno dei due fratelli soccombe all'altro. Ma il loro destino sarà la separazione e la contesa.

> Ma bruciò sul deserto il sole abbacinante
> e Agar cadde giù con il suo bimbo
> sopra la pelle gialla, e i bianchi denti
> di negra morsero la sabbia ardente.

Ancora diversa la storia dei due gemelli, Esaù e Giacobbe, figli di Isacco e di Rebecca, la bella fanciulla di cui Isacco perdutamente si innamora. Anche in questo caso la contesa nasce sì fin dal grembo della madre, dove i due gemelli si disputano lo spazio stretto del ventre, ma saranno poi gli orditi degli adulti, di chi ha già un posto nel mondo – Isacco, il padre, predilige il rude Esaù, la madre Rebecca stravede per il più piccolo, Giacobbe – a determinare la loro rivalità: le astuzie di Giacobbe per soppiantare il primogenito, l'invidia e il rancore di Esaù per il gemello dal successo facile. Ma in questo caso attraverso sentieri difficili, tortuosi, di coraggio, di scaltrezza, e alla fine di generosità (la rinuncia alla vendetta da parte di Esaù) i due fratelli si riconcilieranno. Prendendo, è vero, strade diverse, ma in ogni caso consentendo ciascuno la vita dell'altro e del gruppo familiare e parentale che gli è affidato. Ci può essere un modo di essere fratelli che, pur senza accondiscendere all'intimità e all'affetto, autorizza un patto, abbandona le antiche contese, permette l'apertura di nuovi orizzonti.

Ma la più interessante, anche se penosa, aspra e tortuosa saga della fratellanza è quella che ripercorre la vicenda di Giuseppe e i suoi fratelli (*Genesi* 37-50). Quella di essere fratelli, anche qui, è una condizione naturale di partenza. Ma la scoperta vera della necessaria fraternità avverrà attraverso passaggi iniziatici difficili e imprevedibili. Di nuovo, all'origine del dramma sono i sentimenti sommersi degli adulti. Dopo i dieci figli avuti dalla moglie Lia, non amata ma sposata per lealtà, Giacobbe sposa la sorella minore, Rachele, bellissima e desiderata. Da lei nasce Giuseppe, l'adorato di Giacobbe. Nascerà poi anche Beniamino, che sarà la consolazione del padre in assenza di Giuseppe, ma Giuseppe resterà sempre nei sogni di Giacobbe. Anche Giuseppe sogna, accecato dalla predilezione paterna. Sogna di avere ai suoi piedi tutti i suoi fratelli, provocando la loro gelosia, la loro invidia, il loro desiderio di vendetta. È per questo che tentano di ucciderlo, e solo per un incidente di percorso, se vogliamo, o per un sussulto di rimorso, viene venduto schiavo a una carovana di stranieri. È troppo lungo, troppo articolato, troppo noto forse il racconto della storia che vede implicati Giuseppe e i suoi fratelli per raccontarlo qui. Ciò che ci interessa richiamare è che nella vicenda di Giuseppe il destino – o le trame del Signore – mettono in atto una serie di prove che ciascuno deve superare, di chance che ciascuno deve saper cogliere per capire che l'essere fratelli, il comportarsi da fratelli condividendo responsabilità e perdono, contenendo la propria bramosia a vantaggio di un peso comune da portare, rende possibile costruire un futuro, rende plausibile un tempo di speranza e di pace per tutti. È pieno delle lacrime di Giuseppe, e in parte anche dei fratelli, il racconto dei loro progressivi ritrovamenti, delle loro ammissioni, delle loro paure, delle speranze, e del desiderio di riconciliazione. Sono lacrime che nascono da un ripensamento profondo, dal dolore di ciò che si è perduto, dall'auspicio di un bene che è ancora possibile costruire. Ma appunto: la fratellanza si 'costruisce'. Bisogna desiderarla. Bisogna saperne comprendere il valore che non è solo per sé, per la propria famiglia, per il cerchio in cui si racchiudono i propri sogni. Ma si allarga a dismisura, fino a comprendere coloro che sono lontani nello spazio e nel tempo. Occorre che ciascuno rinunci a qualcosa di se stesso, occorre che ciascuno compia un gesto di verità, di giustizia, per lasciare spazio alla verità e alla giustizia dell'altro. Così si troverà consolazione e forza per compiere un passo verso una direzione nuova. Così, se ciascuno gioca fino in fondo la sua parte, se si persegue non più solo il bene per se stessi, ma per l'intera comunità, si può aprire un capitolo nuovo della vita e della storia. Non è un caso che la *Genesi* si chiuda con la costruzione di una nuova fraternità non più solo familiare, ma in un certo senso sociale: una possibile 'cittadinanza'. È da qui che riparte il racconto biblico, da una saga familiare alla costituzione delle tribù di un popolo, in esodo verso una terra da abitare, ma anche in esodo verso il mondo. La rete si è allargata. Qualche strappo qua e là, qualche ricucitura. Ma l'importante è che tenga, e che ciascun nodo, ciascun filo abbia la sua ragione d'essere.

Anche di sorelle si parla nella Bibbia. Lia e Rachele, rivali nell'amore per Giacobbe, usate dal padre per compiere i suoi disegni e curare i propri interessi. La sventurata Dina, figlia di Giacobbe, sorella dimenticata dai fratelli, che si accorgono di lei solo quando viene abusata da un giovane di una tribù rivale (*Genesi* 34). Non interpellata neppure quando, con il ragazzo, si accende forse un barlume d'amore, diventerà pretesto inascoltato per altre violenze e abusi e guerre e saccheggi. Anche nella conquista della sororità la storia delle donne, quando non sia del tutto taciuta, è irta di insormontabili barriere. Ma a volte il corso della storia si può deviare, si possono anche lì annodare fili per costruire reti.

Le piccole donne del Rajasthan

Le piccole donne del Rajasthan sono un buon esempio. Hanno fatto fiorire un miracolo in un villaggio sperduto nel deserto di Thar. Il villaggio si chiama Benisar. Siamo nell'India nordoccidentale. Una terra graniticamente immobile, avvezza al potere sovrano dell'uomo sulla donna e sull'intero corpo sociale. La polvere del tempo si è andata accumulando sul villaggio senza che nulla mai cambiasse. Le usanze sono spesso ben più resistenti dei codici e delle leggi. Sono radici fonde e oscure. Il *progresso* o la *modernizzazione* appaiono come labili chimere, incapaci di attraversare il deserto giungendo fin qui. A Delhi, forse, ma nel 'favoloso' Rajasthan è tutt'altra storia. Anzi, per molti aspetti, qui la storia non è mai neppure cominciata. Al suo posto, uno stagnante Medioevo che ignora il tempo.

Qui le tradizioni sono una tirannia che può annientare le vite, o distorcerle, deturparle. Sono idoli mortiferi, che si rigenerano succhiando la linfa dei viventi, opprimendo la vita dei villaggi e quella delle famiglie. E anche le famiglie sono luoghi di soprusi perpetrati nel tempo. Nemiche delle bambine. Per loro niente affatto un caldo focolare.

A Benisar, come in gran parte della regione, si è praticato l'infanticidio femminile. E i matrimoni infantili. Ma le donne del Rajasthan non potevano più sopportare di veder morire le loro bambine, o, ed è un'altra forma di morte, vederle andar via di casa a sei anni, con uomini più grandi, almeno di vent'anni, mai visti e mai conosciuti. Vendute come merce.

Hanno detto: «Basta!» Basta con gli infanticidi. Basta con le spose-bambine. Non lo hanno neppure gridato. Hanno fatto qualcosa di ancora più grande. Hanno convinto la comunità. Questo è il miracolo fiorito nel deserto di Thar. Il villaggio è stato dichiarato 'liberato dal matrimonio infantile', ed è stato sancito da un giuramento collettivo cui tutti sono vincolati. Messo al bando, come d'altra parte chiedeva la legge indiana mai rispettata, che fissa a diciotto anni l'età minima per contrarre matrimonio.

Le ragazze hanno parlato con i padri; le donne, di tutte le età, con i propri mariti. Le organizzazioni internazionali, l'UNICEF in particolare, hanno fatto la loro parte. Non è stato facile. Sono riaffiorati pregiudizi secolari, ma non sono stati sufficienti a frenare l'azione delle donne e delle bambine del villaggio. Non si può fermare il vento. Non è stata sufficiente neppure l'economia statica che si è sempre protetta con lo sfruttamento e l'oppressione delle donne.

A Benisar ce l'hanno fatta. A piccoli passi, piccoli movimenti che, nel tempo, si sono sommati l'uno all'altro. Le gocce hanno forato la pietra dura del pregiudizio sociale. Ora, a Benisar si celebra la festa dell''orgoglio femminile'. E a festeggiare ci sono tutti, donne e uomini, e anche gli anziani del villaggio, orgogliosi di quelle ragazze così tenaci. Questo è costruire una rete.

Questo è fare comunità. E questo è il bene che può vincere il male.

Al centro, dunque, giovani donne, adolescenti che hanno un'esatta visione di quello che dovrà essere il loro futuro. In India, come in Pakistan. Come altrove.

In luminosa evidenza, la lotta per la vita. Perché di questo si tratta. Che cosa avvicina le donne di Benisar alla quindicenne pachistana Malala Yousafzai? Sono vicende indubbiamente diverse, diverse le protagoniste. Ma un punto comune c'è: le donne dei villaggi, e Malala, vogliono lasciarsi alle spalle la loro lunga e mortificante preistoria, risalire la fossa in cui le ha buttate il pregiudizio, far crollare il muro dell'ignoranza. Le donne di Benisar, Malala e tante altre donne hanno messo in gioco la loro vita. Hanno chiesto di vivere, e non soltanto per sé, ma per tutti i 'fratelli' e le 'sorelle', i bambini, le bambine, l'invisibile rete che avvolge un intero continente, e che può smuovere la sua storia millenaria.

«Dobbiamo metterci al lavoro, non aspettare» dice Malala ricevendo il Premio Nobel per la Pace nel 2014. «Cari fratelli e sorelle, diventiamo la prima generazione a decidere di essere l'ultima: classi vuote, infanzie perdute, potenziale perduto, facciamo in modo che queste cose finiscano con noi. Che sia l'ultima volta che un bambino o una bambina spendono la loro infanzia in una fabbrica. Che sia l'ultima volta che una bambina è costretta a sposarsi. [...] Che sia l'ultima volta che a una bambina viene detto che l'istruzione è un crimine».

La storia di Malala ha fatto il giro del mondo. Il 9 ottobre del 2012 Malala ha quindici anni. A Mingora, in Pakistan, viene colpita alla testa e al collo da un commando di talebani che si è introdotto sul bus che, dopo la scuola, la riporta a casa. Malala, dichiarerà il portavoce dei talebani rivendicando l'attentato, è un 'simbolo degli infedeli e dell'oscenità'. Voleva soltanto rivendicare il diritto di andare a scuola.

'Erano tempi di orrore e di paura. [...] La paura saturava ogni giorno la nostra vita' scrive Malala nel libro in cui si racconta. Ma né l'orrore né la paura basteranno per farla recedere.

'Chiediamo a tutti di unirsi e sostenerci nella nostra battaglia. Abbiamo già fatto molti passi nella giusta direzione. Ora è il momento di fare un balzo avanti. Non serve dire ai leader del mondo quanto è importante l'istruzione: lo sanno già, i loro figli sono nelle scuole migliori. È ora di dir loro che devono agire. Adesso. Chiediamo ai leader del mondo di unirsi e fare dell'istruzione per tutti la loro priorità numero uno'.

È evidente che il richiamo deciso di Malala resterà inascoltato. Hanno altro da pensare i leader del mondo. Hanno altro da pensare i neri commercianti dell'odio di Boko Haram che nel 2014 hanno rapito centinaia di ragazze portandole via dai loro studi, dalle loro scuole, per renderle schiave, mogli bambine, o cuoche dei combattenti, o mero oggetto di scambio con i governi di altri Paesi. Ma la domanda di Malala, per formulare la quale ha rischiato la vita, è una piccola goccia che può unirsi anche alle lacrime di quelle ragazze e alle piccole gocce di altre donne, di altre bambine, di altri piccoli. In tante fotografie abbiamo visto bambini che, pur di studiare, la sera, nei luoghi del mondo abbandonati dalla civiltà, si siedono sotto la luce di un lampione, su uno sgabellino, tenendo il loro quadernetto sulle ginocchia, per fare i compiti, per capire la vita. Fare rete è possibile. Certo non sarà decisivo per trasformare le sorti di tutte le donne del mondo, di tutti i bambini del mondo. Ma tutte le donne del mondo e tutti i bambini del mondo potranno avere qualcosa in più da sperare.

Gettare la chiave, condividere inverni

Ha provato a 'fare rete', senza neppure saperlo all'inizio, anche una famigliola di Firenze. Hanno gettato nel grande lago di Van le chiavi di casa loro. Hanno deciso di vivere nella Turchia orientale, a Van, vicino al confine con Georgia, Armenia, Azerbaigian, Iran, Iraq. Un confine da sempre caldissimo, che in questi anni è diventato di fuoco. Povertà, profughi, fuggiaschi. Un esodo incessante. Curdi costretti ad abbandonare i loro villaggi sulle montagne insanguinati da una guerra violenta; iraniani, afghani, negli ultimi tempi anche siriani, e profughi da ogni parte di Africa e Asia, alla ricerca di un varco per l'Europa. I profili degli esuli sono sempre gli stessi: valigie, nessuna casa, fame, paura, speranza. Lunghe soste senza un rifugio dove andare. La precarietà di chi non conosce il proprio domani. Lingue diverse che si mescolano. Destini incrociati per un istante, poi di nuovo dispersi.

Lì, in quell'angolo sperduto di mondo – nel 2011 è stato anche sconvolto da un disastroso terremoto che ha provocato migliaia di vittime – Roberto, Gabriella, Costanza hanno scelto di vivere. E di condividere con chi sta intorno 'lo stesso tipo di stufa, lo stesso inverno, la stessa neve, il medesimo ghiaccio, una casa costruita con lo stesso materiale: la madre terra'. Roberto e Gabriella Ugolini vivono lì. Per un lungo tratto li ha accompagnati la loro figlia Costanza che, tra le prime cose che ha fatto, ha aperto una scuola per le bambine del posto, per insegnare loro a leggere e scrivere, l'inglese e il disegno, i numeri e la geografia. A quella scuola vanno anche i profughi di passaggio: mentre sostano, aspettando di poter ripartire, imparano almeno un po' di lingue che possono essere utili per capire il linguaggio respingente dei burocrati, per non farsi ingannare e derubare. Perché sono lì Roberto e Gabriella? Avevano un lavoro sicuro, da tempo erano entrati nella loro età matura. Hanno riaperto le loro vite, rischiandole, scegliendo insicurezza e precarietà, in una delle aree più instabili del pianeta. Cercavano una ragione alla propria vita e lì l'hanno trovata. Mettendo a disposizione quello che hanno, aiutando nelle pratiche burocratiche, dividendo con chi arriva un tè caldo, una focaccia, un panino, incontrando esseri umani per guardarli un poco negli occhi. Non c'è un perché. Hanno scelto di dare una ragione alla propria vita. E quella ragione l'hanno trovata lì, una 'scorta di senso' per chi viene dal ricco Occidente, soffocato dall'inutilità degli oggetti. Lì, non manca la gratitudine, l'accensione di un volto in chi spera, i sorrisi dei bambini quando riescono a mangiare una albicocca o una susina acerba.

Ogni dramma e ogni bellezza, ogni terra e ogni mare, ogni numero, sia di morte che di vita, ha un

> valore intrinseco espresso da ogni singola persona. Anche in questa terra di mezzo dell'Est della Turchia ci troviamo insieme a persone che sono chiuse al passato, bloccate nel presente, aggrappate a scivolosi sogni di futuro. Le loro vite insieme a quelle di ognuno di noi sono un infinitamente piccolo per affrontare un infinitamente grande. Ma quanto è grande un embrione che diventerà essere umano? Un seme, che poi sarà pianta, albero, cibo?

Anche questa è fraternità. Anche questo è contagio di bene. Anche questo significa comunità.

E pensiamo anche che pur non andando nel Rajasthan, o a Van, in qualunque angolo nascosto di terra – nelle nostre case, per strada, dove incontriamo i nostri affetti, le nostre amicizie, o talvolta le nostre inimicizie – ovunque quel contagio di bene si possa diffondere, e con esso si possa costruire comunità.

Proviamo a entrare, per esempio, in uno qualunque di quei 'mondi a parte' che sono i campi profughi, i ricoveri notturni per senza tetto, le mense per chi non ha cibo. Troveremo, assieme ai diseredati della terra, e assieme ai profittatori e ai violenti di ogni risma, un popolo silenzioso di operatori, solerti nel loro lavoro, coscienziosi e severi, capaci di soccorrere senza chiedere, di sorridere guardando negli occhi, di ascoltare senza voler insegnare. Anche ciascuno di loro ha un volto. Un nome. Una storia. Ciascuno di loro ha una propria convinzione, nata nella tradizione religiosa o no, poco importa, che là dove c'è bisogno di aiuto si deve aiutare. Nient'altro. Così trasformano il mondo. Ma non lo sanno. Rimangono nell'anonimato, paghi di aver dato un sollievo momentaneo, o di aver contribuito alla costruzione di un avvenire.

Platone in carcere

Un altro 'mondo a parte'. Il carcere. Entriamo in uno di quegli edifici sinistri in cui, prima ancora di vedere che sono abitati da esseri umani, prevale la sensazione di confusa accozzaglia di sbarre e celle, chiavi e corridoi, regole e abusi, sovraffollamento e spreco di tempo, illegalità e dolore. In cui persone che hanno compiuto piccoli reati o crimini efferati sono messe a contatto, molto stretto talvolta, in una congerie rumorosa di vite dannate. Ci sono, è vero, moltissimi tentativi, anche nelle carceri italiane, di trasformare quei luoghi e il tempo della detenzione in una possibilità di presa di coscienza, di trasformazione, di riparazione al male eventualmente compiuto. Ma il disinteresse della classe politica, il peso della burocrazia, l'inerzia degli strateghi della vendetta invece che del reinserimento di chi ha sbagliato rendono pesante, lento, contraddittorio il paziente lavoro degli operatori di buona volontà.

Ma anche lì c'è chi non si arrende. Uno fra i tantissimi. Non so esattamente quando Pier Cesare Bori ha cominciato a frequentare il carcere, da operatore esterno. Uomo di studio e di verità, cercatore inquieto, Pier Cesare Bori non si è accontentato delle aule universitarie, e neppure di aver visto crescere attorno a sé una generazione di altri più giovani testimoni di una vita spesa al servizio degli altri. In primo luogo ha cercato i saperi sulle strade del mondo, cercando di distillare da ciascuna cultura una piccola luce di verità: da un cristianesimo intensamente vissuto, agli studi sulla Chiesa delle origini, alla storia dell'interpretazione biblica, al 'consenso etico fra le culture', ai diritti umani, all'opposizione alla pena di morte, alla spiritualità americana, cinese, giapponese, al movimento dei quaccheri con la loro preghiera silenziosa, al dialogo con l'islam, alla pratica buddhista, agli studi su Pico della Mirandola, Lev Tolstoj, Gandhi, Albert Schweitzer. Ma tutto questo non lo ha voluto solo per sé o per i suoi studenti. Lo ha voluto portare ai maghrebini, albanesi, marocchini, tunisini detenuti nel carcere della sua città, nella certezza che il senso della giustizia e del bene alberga in ogni cuore umano, soprattutto nei cuori dei più smarriti e abbandonati. Molti di loro, analfabeti, hanno così imparato a leggere, e scoperto i tesori contenuti nelle loro culture d'origine e in altre culture sconosciute.

I loro occhi si illuminavano a sentir raccontare del mito platonico della caverna: altri uomini, come loro, erano stati prigionieri nel fondo di una caverna. Altri uomini erano stati incatenati, senza poter uscire. Altri uomini si erano fatti ingannare dalle ombre proiettate sul muro di fronte a loro, scambiando per realtà le forme immaginarie. Ma ecco, la luce del sole là fuori esiste. È possibile farvi ritorno. Ed è possibile, anche se rischioso, secondo Platone, avere accesso al mondo della luce.

> Nel mondo conoscibile punto estremo e difficile a vedere è l'idea del bene: ma quando la si è veduta la ragione ci porta a ritenerla per chiunque la causa di tutto ciò che è retto e bello, e nel mondo visibile essa genera la luce e il sovrano della luce, ed essa stessa elargisce verità e intelletto.

Una speranza si accendeva negli occhi dei maghrebini, degli albanesi, dei tunisini. Anche per loro vi era prospettiva di luce. Ma certo non era facile. E non era facile, così lontani da casa, ricostruire il tessuto di una umanità spezzata. Per questo Pier Cesare Bori poi si recava nei loro Paesi d'origine, per cercare di ricontattare le famiglie, di ricongiungere legami spezzati, di ricostruire vite in pericolo.

Una rete. Anche questa una piccola rete di gesti. Che qualcuno potrà valutare vana, o insignificante. Certamente Pier Cesare Bori non ha potuto evitare che migliaia di altri immigrati continuassero a delinquere, non ricucissero il tessuto della loro dignità e di quella delle loro famiglie.

E tuttavia i singoli gesti positivi, costruttivi si diffondono, contaminandosi l'un l'altro, creando piccole reti di fratellanza, di comunanza, di umanità, che si possono allargare all'infinito. Certo non sono sufficienti a fermare il male. Ma sono sufficienti a farci pensare che la vita, in sé, non è il male. Che il male non divora tutta la vita. Che qualcosa resiste, non muore, continua a mostrare che un altro mondo è possibile.

Storie di ordinaria bontà

Potremmo entrare in altri luoghi 'a parte'. In un ospedale, per esempio, dove si entra per essere curati, per guarire, talvolta anche per morire. Dove, nonostante la vergogna della malasanità e nonostante la piaga purulenta degli ineliminabili approfittatori, migliaia di operatori curano, ascoltano, risanano, mettono la loro pratica, la loro intelligenza, i loro studi, la loro abilità al servizio di una umanità debole, affaticata, ferita, malata.

O potremmo entrare in un hospice, dove si muore, ma si muore con dignità, senza inutili sofferenze, accompagnati da volti amici e da mani sapienti, talvolta da momenti di condivisione, da percezioni di bellezza, dal senso di una vita compiuta e non spezzata, una vita che trova il suo significato, invece dell'insensatezza, grazie alla perizia di una piccola schiera di uomini e donne che accompagnando amorevolmente i morenti sanno di dar compimento all'appuntamento forse più importante di ogni vita.

O possiamo entrare in una scuola, dove tanta zavorra inutile del sapere viene affastellata nelle menti di bambini e bambine, di ragazzi e ragazze. Ma anche dove si forma, talvolta, il desiderio di sapienza, si fanno i primi esperimenti di socialità, si conosce la trepidazione dell'amicizia, si è travolti dalle passioni amorose, si intuisce pian piano il proprio destino. E dove assieme agli insegnanti annoiati, demotivati, depressi e stanchi, un numero immenso di altri – veri 'maestri' e 'maestre' – spendono la loro energia, che sembra moltiplicarsi ogni giorno, in un desiderio di far conoscere, di far crescere, di trasmettere la bellezza di ciò che sanno, l'entusiasmo del cercare, la tenacia nell'imparare la vita.

Queste non sono che storie di ordinaria bontà, se vogliamo. Ognuno di noi, se si raccoglie in un momento della giornata, può fare l'esercizio, come in una preghiera silenziosa, di ricordare le persone incontrate nella sua vita che quasi inavvertitamente hanno saputo offrire consolazione, realizzare aiuto, curare ferite, far baluginare una speranza, generare fraternità. Non sarà una preghiera breve. Sarà una preghiera che potrà continuare ogni giorno e ogni giorno porterà conforto e un po' di conciliazione con l'idea che ci siamo fatti dell'umanità.

Potremmo elencarne infinite altre di queste storie. Storie piccole, che non arrivano neppure alle pagine dei libri, neppure alla soglia delle cronache. Si fermano, magari, dentro le mura di una casa, dentro il cerchio di una famiglia. Ma non sono ordinaria gestione del quotidiano. Sono quel piccolo respiro in più che fa sì che si possa parlare di 'bontà', anche se 'insensata', nata così, senza premeditazione, senza progetto, senza un perché, ma proprio perché ha a che fare con la fragilità dell'altro che ci sta accanto o di fronte si dilata in fraternità. Non quando gli esseri umani sono più sicuri di sé, dominatori e sovrani delle proprie forze nasce il riconoscimento dell'altro come fratello, ma quando si è più vulnerabili, più fragili. Fragilità e fraternità sono parole molto vicine, quasi una cosa sola. Si saldano. Si accostano come 'foglie appena nate', secondo l'espressione di Giuseppe Ungaretti in una poesia del 1916 (sul Carso flagellato da una guerra vistosamente inutile), indicando che quando la vita trema, mostrando la sua fragilità, tutta la radice umana trema, e cerca ciò che le è vicino.

Quasi un epilogo

Ci fermiamo, a questo punto del nostro itinerario. Sappiamo di non avere mani abbastanza forti e capaci per poter afferrare il bene con presa sicura. D'altronde, il bene sfugge, lo abbiamo visto, si nasconde, sguscia via silenzioso. Lo possiamo sfiorare, questo sì. Ma niente di più. E sfiorare, lambire, è comunque già qualcosa.

Non era nostra intenzione arrivare a stendere un trattato o una teoria del bene. Fra le ambizioni o gli obiettivi di questo libro certamente non c'era quello di mettere ordine e rendere lineare una materia controversa. Questo libro nasce nel frastuono, nell'affanno, nelle delusioni che tutti i giorni incontriamo. Nasce dal disordine e dal subbuglio delle immagini in cui siamo quotidianamente immersi, e dalla fatica di mettere insieme i frammenti di senso che ci possono consentire di vivere. Questo libro nasce dal desiderio di dire e di capire che 'la vita non è il male'. Non lo è, per quanto la presenza del male possa apparire invadente e pervasiva. Con un'aggiunta che riteniamo importante: 'la vita non è il male' non è un assunto metafisico o un principio fondativo, ma non ha neppure il tono di una ovvia, tranquilla, constatazione. È piuttosto il risultato di un atto di resistenza, più o meno significativo, più o meno rischioso. Questo emerge da tutte le storie che abbiamo raccolto, ed è la ragione per cui le abbiamo raccolte. Esse raccontano che non tutto è violenza e sopraffazione. Non tutto è soverchiante arbitrio o cieca forza. C'è qualcosa – il bene – che sta fuori dal loro cerchio. Ci sono scosse d'anima, un gratuito ardore, l'inesauribile capacità di bene delle creature, e sono destinati, se non a vincere, a contrastare l'inerzia dei cuori e l'occlusione delle menti. È la 'profondità' del bene di cui parla Hannah Arendt in un suo testo del 1964, tre anni dopo la conclusione del processo a Adolf Eichmann. La 'banalità del male', con cui la Arendt interpreta il comportamento del gerarca nazista, si sviluppa in superficie, mentre il bene agisce nella 'profondità', vale a dire al fondo delle cose, dove si disegna il profilo essenziale del mondo:

> La mia opinione è che il male non è mai 'radicale', ma soltanto estremo, e che non possegga né la profondità né una dimensione demoniaca. Esso può invadere e devastare tutto il mondo perché cresce in superficie come un fungo. Esso sfida come ho detto il pensiero, perché il pensiero cerca di raggiungere la profondità, andare alle radici, e nel momento in cui cerca il male, è frustrato perché non trova nulla. Questa è la sua 'banalità'... Solo il bene ha profondità.

Nel corso del libro ci siamo chiesti 'Da dove viene il bene?', così come una lunga tradizione di pensiero si è chiesta 'Da dove viene il male?'. Una domanda senza risposta o con risposte diverse, e qualche volta divergenti. Hannah Arendt indica nella 'profondità' la dimensione in cui il bene sarebbe collocato. La 'profondità' è il luogo da cui esso proviene, ed è il terreno su cui si sviluppa. Per questo, forse, esso non è mai 'banale'. Può essere quotidiano, consueto. Mai banale. Ma ci è sembrato di poter anche affermare che esso viene dallo sguardo dell'altro che ci cattura e ci chiede risposta, dal coraggio di dire la verità, dalla possibilità di far parlare il cuore, dall'amore che si insinua dentro la crosta dura della vita.

Per questo ogni riflessione sul bene stenta a procedere verso un possibile epilogo. La sua trama non si chiude. Giunti al termine di questa strada, o quest'incrocio di strade, potremmo ripartire, perché il mondo non smette di colpirci, prenderci alle spalle, ferirci. Ma il bene non smette di affiorare. Di rinnovarsi. Di esistere.

Nota per il lettore

Indichiamo qui, seguendo la successione dei diversi capitoli, i libri citati e quelli che hanno fatto da riferimento alle nostre riflessioni.

Tutte le citazioni bibliche sono tratte da *La Bibbia* TOB, nuova traduzione CEI, Elledici, Leumann (TO) 2010.

1. Il bene al tempo del male

Gottfried Benn, *Aprèslude*, trad. F. Masini, Einaudi, Torino 1966.

La Saga di Gilgameš, a cura di G. Pettinato, Mondadori, Milano 2004.

Giacomo Leopardi, annotazione del 22 aprile 1826 in *Zibaldone*, a cura di R. Damiani, Mondadori, Milano 2014.

Voltaire, *Poema sul disastro di Lisbona*, in Voltaire, Jean-Jacques Rousseau, Immanuel Kant, *Sulla catastrofe. L'Illuminismo e la filosofia del disastro*, a cura di A. Tagliapietra, Bruno Mondadori, Milano 2004.

André Neher, *L'esilio della parola. Dal silenzio biblico al silenzio di Auschwitz*, trad. M. Doni, Medusa, Milano 2010.

L'espressione 'quasi niente' è tratta da Vladimir Jankélévitch, *Il non-so-che e il quasi niente*, trad. C. A. Bonadies, Marietti, Genova 1987.

Victor Hugo, *La leggenda dei secoli*, Signorelli, Milano 1933.

Simone Weil, *La prima radice. Preludio a una dichiarazione dei doveri verso l'essere umano*, trad. F. Fortini, SE, Milano 1990.

Peter Sloterdijk, *L'ultima sfera. Breve storia filosofica della globalizzazione*, trad. B. Agnese, Carocci, Roma 2005.

Terrore al servizio di Dio. La «Guida spirituale» degli attentatori dell'11 settembre 2011, a cura di P. C. Bori, H. G. Kippenberg e T. Seidensticker, Quodlibet, Macerata 2007.

Anna Frank, annotazione del 15 luglio 1944 in *Diario*, trad. A. Vita, Einaudi, Torino 1986.

Hannah Arendt, *Il futuro alle spalle*, a cura di L. Ritter Santini, il Mulino, Bologna 1981.

L'articolo *Le risposte dell'Occidente oltre lo scontro di civiltà* di Gustavo Zagrebelsky è stato pubblicato su *la Repubblica* del 12 gennaio 2015.

L'espressione 'brecce nel mondo murato' è tratta da Günther Anders, *Kafka. Pro o contro*, a cura di B. Maj, Quodlibet, Macerata 2007.

2. Il cuore diviso

Giorgio Colli, *La sapienza greca. Eraclito*, vol. 3, Adelphi, Milano 1993.

Herman Hesse, *Siddharta*, trad. M. Mila, Adelphi, Milano 1991.

Agostino, *Confessioni*, a cura di R. De Monticelli, Garzanti, Milano 1990.

Blaise Pascal, *Pensieri*, trad. B. Nacci, Garzanti, Milano 1994.

Tzvetan Todorov, *Gli altri vivono in noi, e noi viviamo in loro. Saggi 1983-2008*, trad. E. Lana, Garzanti, Milano 2011.

Walt Whitman, *Foglie d'erba*, a cura di B. Tedeschini Lalli, Rizzoli, Milano 1988.

Fernando Pessoa, *Ode marittima*, a cura di P. Collo, Passigli, Bagno a Ripoli (FI) 2013.

Zsuzsa Bánk, *I giorni chiari*, trad. R. Cravero, Neri Pozza, Vicenza 2012.

Emmanuel Carrère, *L'Avversario*, trad. E. Vicari Fabris, Adelphi, Milano 2013.

Gabriele Nissim, *Il tribunale del bene. La storia di Moshe Bejski. L'uomo che creò il Giardino dei giusti*, Mondadori, Milano 2003.

Primo Levi, *Opere*, a cura di M. Belpoliti, vol. 1, Einaudi, Torino 1987.

3. Il piccolo seme

Le opere dello scrittore russo Vasilij Grossman, a partire da *Vita e destino* (trad. C. Zonghetti, Adelphi, Milano 2008), hanno costantemente accompagnato la nostra riflessione. Ricordiamo *Tutto scorre…* (trad. G. Venturi, Adelphi, Milano 1987), *Uno scrittore in guerra* (a cura di A. Beevor, Adelphi, Milano 2015), *Il bene sia con voi!* (trad. C. Zonghetti, Adelphi, Milano 2011). La lettera di Grossman indirizzata alla madre viene riportata, con altri importanti documenti d'archivio, nel volume di John e Carol Garrard, *Le ossa di Berdičev*, Marietti, Genova 2009. Sul tema della 'bontà sciocca', che sta al centro di questo capitolo, abbiamo tenuto presente anche Gabriele Nissim, *La bontà insensata. Il segreto degli uomini giusti*, Mondadori, Milano 2011.

Il testo sui 'giusti' di Jorge Luis Borges proviene dalla raccolta *La cifra*, a cura di D. Porzio, Mondadori, Milano 1982. Quello di Albert Camus venne pubblicato il 2 febbraio del 1956 sul settimanale francese *L'Express*, con il titolo *Ringraziamento a Mozart*.

Sul gruppo della Rosa bianca abbiamo fatto riferimento alle ricerche di Paolo Ghezzi, *La Rosa bianca non vi darà pace* (Il Margine, Trento 2014), *Sophie Scholl e la Rosa bianca* (Morcelliana, Brescia 2003); inoltre Tibaldo Lorenzo, *La rosa bianca. Giovani contro Hitler*, Claudiana, Torino 2014.

Etty Hillesum, *Diario - Edizione integrale*, a cura di

J. G. Gaarlandt, Adelphi, Milano 2012, e *Lettere 1942-1943*, a cura di C. Passanti, Adelphi, Milano 1990.

Dietrich Bonhoeffer, *Resistenza e resa. Lettere e scritti dal carcere*, trad. A. Gallas, Edizioni Paoline, Cinisello Balsamo (MI) 1988.

Chiara Volpato, *Deumanizzazione*, Laterza, Roma-Bari 2011.

Primo Levi, *Se questo è un uomo*, Einaudi, Torino 2005.

—, *I sommersi e i salvati*, Einaudi, Torino 1986.

Tzvetan Todorov, *Memoria del male, tentazione del bene. Inchiesta su un secolo tragico*, trad. R. Rossi, Garzanti, Milano 2001.

Anna Bravo, *La conta dei salvati. Dalla Grande Guerra al Tibet: storie di sangue risparmiato*, Laterza, Roma-Bari 2013.

La storia di Adalgisa ci è stata raccontata dal sociologo Sergio Manghi dell'Università di Parma, che ringraziamo. Non sappiamo se è mai stata pubblicata.

Ercole Ongaro, *Resistenza nonviolenta 1943-1945*, Libri di Emil, Bologna 2013.

4. Da un altro

Stefan Zweig, *Gli occhi dell'eterno fratello*, trad. A. Rho, il melangolo, Genova 2003.

Frère Christian de Chergé, *Più forti dell'odio*, a cura di

G. Dotti, Qiqajon, Magnano (BI) 2010.
La lettera di Antoine Leiris è largamente circolata sui *social media* nei giorni immediatamente successivi agli attentati di Parigi del novembre 2015. Il testo è ora accessibile nelle edizioni Corbaccio, a cura di Lucia Corradini Caspani.
Immanuel Kant, *Fondazione della metafisica dei costumi*, trad. F. Gonnelli, Laterza, Roma-Bari 2005.
L'articolo *Quei volti non sono una statistica* di Enzo Bianchi è stato pubblicato su *La Stampa* del 10 aprile 2015.
Gabriele Nissim, *La lettera a Hitler. Storia di Armin T. Wegner, combattente solitario contro i genocidi del Novecento*, Mondadori, Milano 2015.
Pietro Kuciukian, *Voci nel deserto. Giusti e testimoni per gli armeni*, Guerini e associati, Milano 2000.
Armin T. Wegner e gli armeni in Anatolia 1915. Immagini e testimonianze, Guerini e associati, Milano 1996.
Franco Marcoaldi, *Il mondo sia lodato*, Einaudi, Torino 2015.

5. Reti di fratellanza

Régis Debray, *Le moment fraternité*, Gallimard, Parigi 2009.
Else Lasker-Schüler, *Ballate ebraiche e altre poesie*, a

cura di M. Del Serra, Giuntina, Firenze 1985.
André Wénin, *Giuseppe o l'invenzione della fratellanza*, trad. E. Di Pede, EDB, Bologna 2007.
Adriano Sofri, *India, la rivolta delle spose bambine: «Lasciateci studiare e crescere libere»*, su *la Repubblica* del 22 febbraio 2015.
Malala Yousafzai con Christina Lamb, *Io sono Malala. La mia battaglia per la libertà e l'istruzione delle donne*, Garzanti, Milano 2013.
Roberto Ugolini, *Via dello Stupore. Dieci anni nella Turchia dell'Est*, Pardes, Bologna 2011.
Pier Cesare Bori, *Incipit. Cinquant'anni. Cinquanta libri (1953-2003)*, Marietti, Genova 2005.
Pier Cesare Bori, *Lampada a se stessi. Letture tra università e carcere*, Marietti, Genova 2008.
Hannah Arendt, *La banalità del male*, a cura di P. Bernardini, Feltrinelli, Milano 2013.

Un ringraziamento ad Antonella Parigi e Armando Buonaiuto che nell'ambito di 'Torino spiritualità' 2011 hanno dato ospitalità al primo nucleo di questi pensieri. E un grazie a Mariagrazia Mazzitelli, che ha seguito l'intero percorso di questo libro con entusiasmo e intelligenza.

Note biografiche

Vasilij Grossman, una delle figure di maggior rilievo della letteratura russa del Novecento, nasce a Berdičev, in Ucraina, nel 1905, da famiglia ebraica, muore a Mosca nel 1964. Per l'ampiezza della sua costruzione narrativa, è stato definito il 'Tolstoj del Ventesimo secolo'. Dapprima 'servitore ortodosso e impaurito del regime' (T. Todorov), Grossman diventerà, nell'arco di un decennio, un analista impietoso dello stalinismo e dello Stato totalitario. Il suo capolavoro, *Vita e destino*, non è soltanto un'epopea storica di proporzioni grandiose, è anche una riflessione sul male e sul bene che attraversano l'animo umano.

André Neher nasce in Francia nel 1914, muore a Gerusalemme nel 1988. *L'esilio della parola* è il suo libro più importante, e forse anche il più conosciuto e discusso: una appassionata e originale meditazione sulla parola e il silenzio che segnano i momenti cruciali dell'esperienza ebraica, dai testi biblici fino all'abisso di Auschwitz. Ma il silenzio su cui Neher si trova a riflettere non è il fallimento in cui si spegne la parabola dell'uomo, è il punto estremo in cui l'uomo si espone al rischio e sperimenta la speranza.

Vladimir Jankélévitch nasce a Bourges, in Francia, nel 1903, muore a Parigi nel 1985. Proviene da una famiglia ebraica d'origine russa. Nel 1940, viene allontanato dall'insegnamento universitario, ed entra nel movimento della Resistenza. Soltanto a guerra finita, verrà reintegrato alla Sorbona. I suoi corsi di filosofia morale, fra i più affollati dell'ateneo parigino, restano memorabili: voltando le spalle ai miti e agli idoli del pensiero novecentesco, a partire da Heidegger, Jankélévitch, alla ricerca di un'*aria nuova*, che rintraccia in Bergson, e un nuovo stile di pensiero, si muove in direzione di una filosofia della vita capace di dare ascolto e accogliere i flussi discordi dell'esperienza vivente.

Vladimir Jankélévitch è un autore assai prolifico, che spazia dalla filosofia alla musica. Il suo libro forse più importante, autentica *summa* della sua ricerca, è *Il non-so-che e il quasi-niente*, pubblicato nel 1957.

Peter Sloterdijk, nasce a Karlsruhe, in Germania, nel 1947, insegna all'Accademia di belle arti di Karlsruhe e di Vienna. Già il suo primo saggio *Critica della ragion cinica*, che esce nel 1983, ha un'immediata e vastissima risonanza, che mette il filosofo tedesco al centro del dibattito filosofico europeo. Ma la sua opera di più ampio respiro, *Sfere*, esce, in tre volumi, fra il 1998 e il 2004.

È un'opera di grandi dimensioni (oltre duemila pagine) e dal disegno complesso, che mette capo a una 'visione generale della storia' e della condizione umana, costantemente esposta al pericolo e dunque alla ricerca di sicurezza e protezione.

Hannah Arendt nasce a Linden, vicino ad Hannover, nel 1906, muore a New York nel 1975. Di origini ebraiche, la Arendt, allieva di Martin Heidegger, cui fu sentimentalmente legata, e di Karl Jaspers, con l'affermazione del nazismo nel 1933 lascia la Germania prima per la Francia, poi per gli Stati Uniti. Nel 1961 segue, a Gerusalemme, per il settimanale *New Yorker*, il processo al criminale nazista Adolf Eichmann, che si concluderà con la sua condanna a morte. Le centoventi sedute del processo Eichmann costituiscono il materiale con cui la Arendt costruisce il suo libro forse più noto, e certamente il più controverso, *La banalità del male*. Ma il pensiero di Hannah Arendt, uno dei grandi snodi della filosofia novecentesca, ha un orizzonte anche più ampio, riflette sulle 'origini del totalitarismo', sul rapporto fra violenza e politica e sul significato dell'azione politica.

Simone Weil nasce a Parigi nel 1909, muore a Ashford, in Inghilterra, nel 1943. Dopo aver concluso i suoi studi, insegna in diversi licei francesi. Nel 1933 si fa assumere come operaia nelle officine Renault per sperimentare in prima persona la durezza alienante della 'condizione operaia'. Nel 1936 partecipa, come corrispondente, alla guerra civile spagnola. Negli anni successivi fino alla morte in un sanatorio inglese all'età di trentacinque anni, Simone Weil dà vita a un pensiero d'impronta religiosa di grande originalità, libero da vincoli istituzionali, soprattutto attraverso i suoi *Quaderni*, un vero laboratorio della sua ricerca, ma anche in diversi volumi pubblicati dopo la sua morte: *L'ombra e la grazia* (1947), *Attesa di Dio* (1949), *La prima radice* (1949).

Stefan Zweig nasce a Vienna nel 1881, da una famiglia d'industriali ebrei, muore a Petrópolis, in Brasile nel 1942. Negli anni Venti e Trenta del secolo scorso, Zweig guadagna una larghissima fama come scrittore e autore di grandi biografie (Maria Antonietta, Erasmo da Rotterdam, Maria Stuarda, Magellano). Quando nel 1933 i suoi libri verranno bruciati sui roghi nazisti, Zweig lascerà la Germania. Abiterà prima a Londra, poi a New York, infine, nel 1941, in Brasile, dove morirà suicida, insieme alla seconda moglie. *Gli occhi dell'eterno fratello* viene pubblicato nel 1922.

Tzvetan Todorov, nasce a Sofia nel 1939. Vive in Francia a partire degli anni Sessanta, dove ha studiato con Roland Barthes, occupandosi di teoria del linguaggio e di letteratura fantastica. Negli ultimi vent'anni, Todorov ha guardato alla storia del Novecento, e al bene e al male che hanno segnato il secolo. Lo ha fatto con alcuni libri di grande risonanza, a partire da *Memoria del male, tentazione del bene*, pubblicato in Francia nel 2000, che è, secondo il suo autore, una sorta d''inchiesta su un secolo tragico'.

Dietrich Bonhoeffer nasce nel 1906 a Breslavia, all'epoca in Germania e dopo il 1945 in Polonia, e muore a Flossenbürg nel 1945. Pastore luterano, oppositore del regime nazista, partecipò alla cospirazione per uccidere Hitler organizzata dall'ammiraglio Canaris, una delle figure più in vista delle gerarchie militari, a capo dei servizi segreti militari. Nel 1943 il pastore Bonhoeffer viene arrestato e incarcerato prima a Tegel, poi a Flossenbürg, dove viene impiccato il 9 aprile del 1945, a pochi giorni dall'arrivo degli alleati e dalla fine della Seconda guerra mondiale. Ha trentanove anni. La sua opera maggiore, *Resistenza e resa*, è 'un punto di riferimento capitale della teologia contemporanea' (V. Mancuso), dove l'elemento divino 'non è nella realtà assoluta, ma nella forma naturale umana'.

Armin Wegner nasce nel 1886 a Elberfeld, in Germania, muore a Roma, nel 1978 all'età di novantun anni. Ufficiale del corpo sanitario dell'esercito tedesco, nel 1915, si trova a operare in Siria (la Germania è alleata della Turchia), dove è testimone del genocidio del popolo armeno. Al suo ritorno in Germania proverà a far conoscere la sua documentazione fotografica del genocidio, ma senza grandi risultati. Scriverà anche al presidente americano Wilson e al cancelliere del Terzo Reich, Adolf Hitler, per denunciare la responsabilità del governo turco. Verrà arrestato e internato nel lager di Oranienburg. Una volta rilasciato fuggirà a Roma, vivendo sotto falso nome sino alla fine della guerra.

Sophie Scholl nasce a Forchtenberg nel 1921, muore a Monaco nel 1943. Con il fratello maggiore Hans, aderisce alla Rosa Bianca, un gruppo di opposizione al nazismo d'ispirazione cristiana, che promuove il risveglio delle coscienze attraverso una forma di resistenza morale. Durante un volantinaggio all'Università di Monaco, Sophie Scholl viene arrestata e condannata a morte, insieme al fratello. Sophie ha ventidue anni, Hans venticinque.

Etty Hillesum nasce a Middelburg nel 1914, da una famiglia della borghesia ebraica, muore nel campo di Auschwitz nel 1943, pochi mesi dopo il suo internamento. Il *Diario*, che esce quarant'anni dopo la sua stesura, nel 1981, e le *Lettere*, sono l'originale, limpida testimonianza di un *cuore* che si vuole vigile e *pensante*, capace d'amore, pur nel buio fitto dell'orrore. Etty Hillesum, che muore a soli ventinove anni, offre uno sguardo nuovo sugli uomini e su Dio.

Indice

Finito di stampare
nel mese di settembre 2016
per conto della Adriano Salani Editore s.u.r.l.
da Nuovo Istituto Italiano d'Arti Grafiche - Bergamo
Printed in Italy